FEMINISMO PARA NÃO FEMINISTAS

**MILLY LACOMBE &
PAOLA LINS DE OLIVEIRA**

FEMINISMO PARA NÃO FEMINISTAS

como o machismo
machuca
todo mundo

Planeta

Copyright © Milly Lacombe e Paola Lins de Oliveira, 2024
Copyright © Editora Planeta do Brasil, 2024
Todos os direitos reservados.

Preparação: Valquíria Matiolli
Revisão: Paula Hercy Cardoso Craveiro e Ana Laura Valerio
Projeto gráfico e diagramação: Renata Zucchini
Capa: Fernanda Mello

CIP-BRASIL. CATALOGAÇÃO NA PUBLICAÇÃO
ANGÉLICA ILACQUA CRB-8/7057

Lacombe, Milly
   Feminismo para não feministas / Milly Lacombe, Paola Lins de Oliveira. – São Paulo : Planeta do Brasil, 2024.
   160 p.

ISBN 978-85-422-2934-9

1. Feminismo I. Título II. Oliveira, Paola Lins de

24-4779   CDD 305.409

Índice para catálogo sistemático:
1. Feminismo

MISTO
Papel | Apoiando o manejo florestal responsável
FSC® C112738

Ao escolher este livro, você está apoiando o manejo responsável das florestas do mundo

2024
Todos os direitos desta edição reservados à
Editora Planeta do Brasil Ltda.
Rua Bela Cintra, 986, 4º andar – Consolação
São Paulo – SP – 01415-002
www.planetadelivros.com.br
faleconosco@editoraplaneta.com.br

SUMÁRIO

07 INTRODUÇÃO

11 CAPÍTULO 1: PAPÉIS DE GÊNERO

41 CAPÍTULO 2: SEXO E DESEJO

75 CAPÍTULO 3: DESEJO E AMOR

103 CAPÍTULO 4: TRABALHO

131 CAPÍTULO 5: FAMÍLIA

153 TÁ, MAS E AGORA?

157 AS AUTORAS

INTRODUÇÃO

Para começar, precisamos ter em mente que o feminismo é um *saber* e um *fazer*. Ou seja, é, ao mesmo tempo, um conhecimento e uma ferramenta para mudar o mundo. Enquanto saber, o feminismo nos ajuda a desenvolver reflexões, a partir de dados, fatos e teorias, sobre como a dominação masculina produz a opressão das mulheres, de modo que a gente possa aplicar na prática esses conhecimentos para sabotar as engrenagens do sistema. Como? Trocando conhecimento, educando umas às outras, fazendo parte de movimentos de mulheres, marchando nas ruas, fazendo pressão coletiva por legislações que ampliem os direitos das mulheres, entre tantas outras ações.

Este livro faz parte desse conjunto de ações. E ele tem a intenção de ser um gesto para fora do círculo de adeptas e simpatizantes do feminismo.

Esse movimento é particularmente bem-vindo num momento no qual pesquisas indicam o crescimento de um abismo cultural entre mulheres e homens das novas gerações com relação às visões de mundo: as mulheres se mostram cada vez mais progressistas em temas sociopolíticos, ao passo que os homens estão cada vez mais conservadores com relação aos mesmos assuntos.[1]

---

[1] THE ECONOMIST. *Why young men and women are drifting apart.* Atlanta, Beijing e Varsóvia, 13 mar. 2024. Disponível em: https://www.economist.com/international/2024/03/13/why-the-growing-gulf-between-young-men-and-women. Acesso em: 23 ago. 2024.

Nosso entendimento é que precisamos criar pontes e não reforçar as distâncias. Para isso, pretendemos mostrar, com fatos e argumentos, por que a luta feminista é uma luta que vai emancipar todas as pessoas, não apenas as mulheres. Trata-se de um livro que serve para homens, mulheres e para todas as formas de estar neste mundo que existem para além dessas duas expressões, que formam o que se chama "regime binário da diferença sexual". Vamos falar mais sobre isso no Capítulo 1.

Por ora, a primeira pergunta a ser respondida é: por que escrever um livro de feminismo para não feministas, para homens, para mulheres que não se identificam com o movimento e para todo mundo que ainda não está familiarizado com todas as extensões dessa causa?

Antes de mais nada, porque o mundo é formado não apenas por mulheres, e a transformação real vai demandar o envolvimento do maior número de pessoas possível.

Por isso, precisamos de *aliados* que entendam a real dimensão do que está em jogo.

Falemos dos homens, por exemplo: aqueles que compreenderem que a luta feminista vai servir para que eles também deixem as jaulas dentro das quais estão vivendo – cujas grades muitas vezes não podem enxergar – se juntarão à causa de corpo e alma.

Vão fazer isso sem se declarar aliados para agradar mulheres ao seu redor, sem se declarar aliados para parecerem bacanas e conscientes, sem se declararem aliados para seduzir algum objeto de desejo. Vão entrar na luta porque terão entendido que sua real liberdade depende dela.

Neste livro, vamos discutir como o feminismo pode ajudar a emancipar as identidades, o desejo, o sexo, o amor, as relações afetivas, o trabalho e as famílias das amarras da violência do machismo, desde que incorpore também uma crítica ao capitalismo.

Então, vem com a gente nesta leitura curta, mas que desejamos que seja transformadora. Se tudo der certo, ao final, a gente vai ter deixado algumas frestas em sua mente e uma semente em seu coração.

CAPÍTULO 1:
PAPÉIS DE GÊNERO

Achamos importante começar essa história falando sobre o que é ser homem e o que é ser mulher. Neste capítulo, abordaremos o que é o regime binário da diferença sexual e trataremos das coisas das quais homens abrem mão para se tornarem homens. Também falaremos de como o movimento LGBTQIAPN+ pode ajudar homens heterossexuais e explicar alguns dos conceitos básicos usados atualmente para melhor entender as ferramentas do feminismo.

Vamos começar pelo começo, tentando responder à seguinte pergunta: *O que é ser um homem na sociedade dentro da qual existimos?*

Existem regras claras que fazem com que um homem seja considerado um homem.

Ser viril é uma delas. Ficar com muitas mulheres é outra. Mas temos mais. Vamos listar algumas:

- Não se deixar atravessar por emoções.
- Carregar o mundo nas costas.
- Arrumar uma mulher para constituir família.
- Prover.
- Sustentar o pênis ereto a despeito de qualquer problema.
- Penetrar e jamais ser penetrado.

Temos certeza de que você pode pensar em muitas mais. Mas vamos deixar assim por enquanto.

E o que é ser mulher nessa sociedade dentro da qual existimos? É ser doce. É se guardar para o casamento ou, na pior das hipóteses, ficar com poucos homens até encontrar aquele para chamar de seu. É demonstrar fragilidade. É arrumar um marido, ter filhos e cuidar da casa com esmero. É se manter magra e atraente, segundo os padrões sociais hegemônicos. Não falar alto, não reclamar e não ocupar muito espaço: se sentar com as pernas fechadas, usar roupas justas e saltos altos que acabam limitando nossa mobilidade e, portanto, colaborando para que não ocupemos muito espaço e não andemos muito rápido.

Esses são destinos construídos a partir do momento em que um médico diz, dentro da sala de parto: é menino ou é menina. É nesse instante em que as cores rosa ou azul entram em nossas vidas e, ao lado delas, todos os valores associados aos gêneros mencionados anteriormente. Nossos destinos são mesmo traçados na maternidade.

Ou até mesmo antes, quando mães e pais produzem os hoje famosos chás de revelação. Sob o argumento de apresentar o sexo do bebê para a família e os amigos, esses rituais espetacularizam a atribuição de gênero segundo a regra do binarismo materializado na decoração azul-menino e rosa-menina. **Desde antes de nascer, a gente é levado a acreditar que existem apenas duas possibilidades sexuais: homem ou mulher.**

O que não nos contam é que há quase tantas crianças intersexuais – que nascem com órgãos sexuais que podem ser classificados simultaneamente como femininos e masculinos – quanto crianças ruivas, por exemplo. A estimativa a respeito do número de pessoas intersexuais no mundo é do Conselho de Direitos Humanos da Organização das Nações Unidas (ONU): até 1,7% da população mundial é intersexo – o que pode significar até 3,5 milhões de pessoas apenas no Brasil. E o percentual de ruivos e de ruivas no mundo não passa de 2%.[2]

O que não contam é que, ainda na maternidade, essas crianças passam por adaptações, algumas bastante violentas, para que possam fazer parte de um dos dois sexos socialmente aceitáveis.

A advogada estadunidense Kimberly Zieselman nasceu com um par de cromossomos XY relacionados ao desenvolvimento de aparência masculina.[3] Em vez de ovários e útero, ela tinha testículos internos. Mas, por causa da falta de um pênis, foi criada como menina e, aos 15 anos, levada pelos pais ao médico. Eles queriam saber por que a filha não menstruava.

O médico, em vez de falar a verdade, disse que ela precisaria remover ovários e útero porque uma má formação genética conferia a ela alto risco cancerígeno. Diante desse diagnóstico, os pais, claro, autorizaram que o doutor removesse os órgãos femininos que poderiam causar tantos problemas. Mas o que foi removido foram seus testículos, já que ela não tinha nem ovários nem útero.

---

[2] INTERSEXO: entenda o termo que foi pela primeira vez reconhecido em um registro civil no Brasil. [s. l.], G1, 10 mar. 2024. Disponível em: https://g1.globo.com/saude/noticia/2024/03/10/entenda-intersexo.ghtml. Acesso em: 23 ago. 2024.

[3] CORRÊA, Alessandra. Crianças intersexuais precisam ser operadas ainda bebês? A polêmica discussão nos EUA. BBC News Brasil. Winston-Salem (EUA), 1º fev. 2020. Disponível em: https://www.bbc.com/portuguese/internacional-51274707. Acesso em: 23 ago. 2024.

Em seguida, ainda adolescente, ela foi submetida a um tratamento hormonal que tinha o objetivo de encaixá-la a uma aparência mais adequada às características consideradas femininas. Tudo isso foi feito sem que a família ou a própria Kimberly soubessem o verdadeiro motivo. Os médicos diziam que era uma condição raríssima e que talvez só ela no mundo fosse assim. Kimberly só soube que era intersexo muito tempo depois e, desde então, é ativista de pessoas intersexuais.

Ou seja, estima-se que uma parte significativa da população mundial nasça com cromossomos, órgãos genitais ou órgãos reprodutores que não se encaixam totalmente na definição de feminino ou masculino.

Kimberly luta para que cirurgias desnecessárias não sejam feitas em bebês e para que seja dado a essas pessoas o direito de decidir quem desejam ser e se querem passar por cirurgias quando tiverem idade para compreender a situação.

São quase vinte diferentes condições que podem ser chamadas "intersexuais". Algumas delas são:

- Bebês que nascem com genitália que não é claramente pênis nem vagina.
- Bebês que nascem com genitais de aparência definida, mas que não combinam com os órgãos reprodutores internos.
- Bebês com genitais masculinos e ovários.
- Bebês que desenvolvem ovários e testículos.
- Bebês que têm uma combinação de cromossomos diferente de XY (masculino) ou XX (feminino).
- Entre vários outros casos.

Há situações mais dramáticas em que bebês intersexuais podem precisar de cirurgia de emergência para, por exemplo, conseguir urinar. Mas, em outros casos, é discutida com os pais a possibilidade de cirurgia pós-parto com o objetivo de tornar a anatomia compatível com o padrão masculino ou feminino. Os pais escolhem o que a criança vai ser e como vai ser criada, e muitas delas crescem como meninos ou meninas sem jamais saber da verdade.

Ativistas como Kimberly argumentam que as cirurgias essencialmente estéticas feitas em crianças intersexuais por médicos desesperados por inseri-las em um regime binário de diferença sexual podem causar uma infinidade de problemas futuros – clínicos e emocionais. A intenção é naturalizar uma condição que está longe de ser rara.

Mas pera lá: o que seria esse regime binário da diferença sexual?

O REGIME BINÁRIO DA DIFERENÇA SEXUAL É AQUELE QUE ESTABELECE QUE SÓ HÁ AS OPÇÕES DE SER HOMEM OU MULHER, DEFINIDAS POR UM HOMEM DETENTOR DE UM PÊNIS OU UMA MULHER DETENTORA DE UMA VAGINA, E QUE, A PARTIR DESSAS MARCAS, DEVE-SE CONSIDERAR TODA A CARTILHA DE CÓDIGOS PARA QUE A CRIANÇA SEJA SOCIALIZADA COMO UM OU COMO OUTRA – SEGUINDO SEMPRE A DOUTRINAÇÃO DOS SIGNOS SOCIALMENTE ESTABELECIDOS COMO FEMININOS OU MASCULINOS.

Nós trazemos todo esse cenário para mostrar que, uma vez classificadas como menino ou menina, essas crianças intersexuais são criadas como tal e, nesse processo, acabam introjetadas com os valores descritos no começo deste capítulo: viris ou dóceis; penetráveis ou não penetráveis; emotivas ou razoáveis; cuidadoras ou provedoras. E tudo começa com a escolha de um médico, da mãe e/ou do pai. O resto a sociedade faz.

Como nos ensina o filósofo transexual Paul B. Preciado, essa escolha tem um forte caráter de arbitrariedade, porque ela é baseada em critérios subjetivos que tentam medir o quanto a genitália em questão está mais ou menos próxima de uma "ordem visual" do que seria um corpo humano feminino ou masculino.[4]

Tamanho, proporção e mesmo as formas de órgãos variam muito mais na realidade do que nossa imaginação sobre pênis e vaginas é capaz de conceber. Por isso, Preciado descreve o momento do nascimento não como um momento de revelação de um sexo, mas de *produção de um sexo*. Para ele, "masculino e feminino são termos sem conteúdo empírico para além das tecnologias que os produzem".[5]

Sua visão pode parecer radical para os que se apegam a evidências biológicas para afirmar que masculino e feminino existem como realidades verificáveis, mas ele também aciona muitos dados científicos para mostrar que não é bem assim. A variação das formas e as intervenções médicas de adequação a um padrão estabelecido são muito mais frequentes do que meras exceções.

Não é só a genética, não é só o órgão sexual e não é só a composição hormonal que vão determinar um

---

[4] PRECIADO, Paul B. *Testo junkie*: sexo, drogas e biopolítica na era farmacopornográfica. São Paulo: N-1 Edições, 2018. p. 110-111.
[5] *Ibidem*, p. 110.

comportamento dito masculino ou feminino. A criança vai ser socializada e adquirir a capacidade de chorar em público ou segurar o choro, porque alguém apontou o dedo para ela e disse: é menina ou é menino. Esses elementos não determinam o comportamento porque eles não existem de uma forma objetiva e fechada. Eles possuem variações. Além disso, é importante destacar que diferentes sociedades no mundo distribuem de modos variados atributos que consideramos de homem ou de mulher.

Em um estudo considerado clássico nas ciências humanas,[6] realizado nos anos de 1930, a antropóloga Margaret Mead analisou as personalidades atribuídas a homens e mulheres em três sociedades da região do Rio Sepik, em Papua-Nova Guiné: os Arapesh, os Mundugumor e os Tchambuli, hoje denominados Chambri. Ela encontrou homens e mulheres gentis, empáticos, cooperativos e pacíficos entre os Arapesh. O cotidiano deles era tranquilo, com poucos conflitos e bastante investimento de atenção e cuidado na educação dos filhos e filhas tanto por mulheres quanto por homens. Entre os Mundugumor se passava o inverso: homens e mulheres eram agressivos, violentos, hostis. A guerra e os conflitos faziam parte do dia a dia. Já os Tchambuli (Chambri) marcavam uma diferença importante entre homens e mulheres: enquanto estas eram protagonistas poderosas da vida social, encarregadas de obter o alimento, responsáveis pela economia local e pela produção de riqueza, aqueles eram sensíveis e frágeis, dedicados à estética e à arte.

[6] MEAD, Margaret. *Sexo e temperamento*. Trad. de Rosa R. Krausz. São Paulo: Perspectiva, 2020.

Nas décadas seguintes, as conclusões de Mead foram criticadas em alguns pontos, mas sua análise não perdeu destaque como uma das reflexões pioneiras contestando a visão naturalizada das características psicológicas femininas e masculinas.[7] Se diferentes sociedades apresentavam diversos modos de ser e se sentir homem ou mulher (e até mesmo de ser "inadaptado" a essa divisão), não era possível defender a existência de personalidades e atribuições naturalmente femininas e masculinas. Para Mead, esses modos de ser e sentir masculino ou feminino correspondiam a padrões socioculturais aprendidos dos mais velhos e ensinados aos mais novos, passando de geração em geração. Ao concluir que a cultura, e não a natureza, molda os diferentes comportamentos humanos, a antropóloga reforça que ela também constrói a diferenciação de temperamentos e atitudes entre os sexos.

Por essa trilha, podemos começar a entender que alguém classificado como mulher não vem ao mundo para cuidar, do mesmo modo que alguém classificado como homem não vem ao mundo para prover. Somos fabricados e fabricadas para agir de uma forma ou de outra.

Estabelecemos, até aqui, que vivemos num mundo pautado pelo regime da diferença sexual, um regime fictício criado em uma época muito específica para finalidades muito objetivas e que causa muita dor a tanta gente. Vimos que esse regime, que dita regras claras e rígidas a respeito do que é ser homem e do que é ser

---

[7] Para mais detalhes sobre as críticas recebidas pela obra *Sexo e temperamento em três sociedades primitivas*, de 1935, visite: https://ea.fflch.usp.br/obra/sexo-e-temperamento-em-tres-sociedades-primitivas.

mulher neste mundo, é um dispositivo político no qual somos inscritos e inscritas desde que nascemos, e sem que precisemos consentir.

Ao fim desta leitura, se tudo der certo, chegaremos juntos à conclusão de que o regime binário da diferença sexual oprime mulheres, e também homens, além de pessoas que não se identificam com nenhum dos dois gêneros.

E, então, nós perguntaríamos a você que lê este livro e é homem: quanto te custa ser um?

Começaríamos dizendo que, mesmo para os mais desconstruídos, a conta é alta demais, porque existe uma exaustão que chega com a luta diária para se livrar de símbolos, signos e expressões da masculinidade. Uma luta da qual você é jogado para fora quando está com os amigos, quando assiste a um jogo no estádio ou no bar, quando está no escritório, quando está na igreja, na universidade.

Quanto custa ser homem nessa sociedade do regime binário da diferença sexual? Quanto custa engolir o choro? Não ir ao médico? Não examinar a próstata? Ser o provedor a qualquer custo? Sustentar o pênis ereto mesmo quando a vida te inundou de tristeza? Não poder pedir ajuda?

Custa coisas como sua saúde mental e física.

Custa se entregar a entorpecentes como o álcool. Um estudo[8] publicado no Boletim do Instituto de Saúde (BIS) mostra que 80% dos internados por alcoolismo no estado de São Paulo são homens.

---

[8] Fonte: SAÚDE DO HOMEM NO SUS. *Boletim do Instituto de Saúde*, v. 14, n. 1, ago. 2012. Disponível em: https://issuu.com/institutodesaude/docs/bis_volume_14_-_n_mero_1_-_agosto_de_2012?mode=window. Acesso em: 23 ago. 2024.

Custa uma solidão profunda. Custa o limite do campo do prazer. Custa a sua própria vida: de acordo com dados do Ministério da Saúde de 2022, homens se matam quatro vezes mais que mulheres.[9] Diríamos que é uma conta demasiadamente alta.

E temos aqui um bom motivo para incluir os homens na luta feminista, já que o objetivo dela é emancipar você, caro leitor, assim como seus amigos, seus conhecidos e todo mundo.

É verdade que o regime binário da diferença sexual consegue doutrinar a maior parte das pessoas, mas existem aquelas que rejeitam seu conjunto de regras e de normas.

Há crianças que, desde muito cedo, não conseguem se encaixar. Eu não sou isso, e também não sou aquilo. O que sou eu então?

Crianças assim trafegam por ruas muito desertas e estreitas e, não raro, de tão marginalizadas que são, pensam em se matar.

O regime da diferença sexual opera sobre essas crianças rapidamente. Família, escola, igrejas, Estado: todos entram no jogo para doutrinar, disciplinar, adestrar, domesticar, punir quem ousa tentar escapar da cartilha de comportamentos aceitáveis para homens e mulheres.

Este livro foi escrito por duas autoras com experiências distintas de vida. Vamos usar aqui o depoimento pessoal de uma delas.

---

[9] KNOBLAUCH, Gabriela. Homens estão entre as principais vítimas de suicídio. [s. l.], *ALES*, 21 set. 2022. Disponível em: https://www.al.es.gov.br/Noticia/2022/09/43634/homens-estao-entre-as-principais-vitimas-de-suicidio.html. Acesso em: 23 ago. 2024.

Eu nunca me encaixei nesse regime e, embora não tenha pensado em me matar, fui uma criança por vezes bastante solitária. Eu não gostava das coisas consideradas de meninas – detestava, aliás – e então olhava para o outro lado. Eu gostava de jogar bola, brincar de carrinho, de revólver, de super-herói. Os signos da masculinidade me eram mais prazerosos, mas eu não era exatamente um deles e tampouco gostaria de ser. Eu queria apenas brincar sem ser importunada. Mas isso era impossível. Para jogar bola precisava, antes, me provar. Tinha que driblar, marcar gols, fazer faltas, mostrar que sabia ser violenta. Ok, agora você pode jogar com a gente. Se eu recusava a saia, era ridicularizada. Na escola, forçavam as bonecas. Na rua, olhavam e não se acanhavam de perguntar à minha mãe, em voz alta, se aquela criança era uma menina ou um menino. Minha mãe às vezes respondia que eu era menino, mas que ela gostava de colocar brincos em mim. Eu usava brincos de fato. Minhas orelhas foram furadas sem meu consentimento desde muito cedo apenas porque eu fui declarada uma menina.
Cresci numa jaula que era só minha e, dependendo da circunstância, eu pulava para jaulas outras. A fim de brincar, ia com os meninos. A fim de conversar e receber carinho, ia com as meninas.

Estamos todos e todas em nossas jaulas: meninos, meninas, homens e mulheres. Por causa do feminismo, somos cada vez mais capazes de enxergar suas grades. Mas, a partir daí, como a gente se emancipa? Qual é o caminho?

Seria importante começar estabelecendo o que a gente não deve fazer. É sempre útil saber por onde não ir antes de conseguir encontrar um caminho viável.

Essa tal emancipação não vai ser alcançada a partir de cada homem que trocar uma fralda ou lavar a louça do jantar. Ou por meio de cada mulher que se tornar a orgulhosa CEO de uma multinacional.

Mas vamos por partes.

O regime binário da diferença sexual, escreve Paul B. Preciado, limita nossa percepção, nossa forma de sentir e, portanto, de amar. Limita também o campo das coisas que conseguimos enxergar – e nossa linguagem.[10]

Dissemos anteriormente que a ideia do que é ser homem e do que é ser mulher nessa sociedade nasceu numa época específica, e agora queremos falar um pouco mais sobre isso.

Na história das civilizações, há relatos de sociedades de todos os tipos: igualitárias, socialistas, híbridas (autoritárias no inverno e igualitárias no restante do ano), matrilineares etc. Não existe, como muitos acreditam, um recuo no tempo ou um deslocamento no espaço em que universalmente o homem caça e a mulher cuida da casa. Esse foi um dos muitos arranjos possíveis, mas nunca o único. E, mesmo dentro dele, há variáveis. Homens e mulheres caçam e avós cuidam, por exemplo.

Nas cartas dos jesuítas que chegaram ao Brasil com os primeiros colonizadores portugueses, há relatos de sociedades que criavam seus filhos sem saber a que pais aquelas crianças pertenciam. Abordado por um

---

[10] PRECIADO, Paul B. *Testo junkie*: sexo, drogas e biopolítica na era farmacopornográfica. São Paulo: N-1 Edições, 2018. p. 110-111.

jesuíta que achava esse método uma aberração, um morador originário disse: "Do que importa saber quem é o pai? Todos são nossos filhos e devem ser criados pela comunidade".

Entre os muitos trabalhos violentos executados pelos jesuítas colonizadores, aliás, estava a doutrinação do que era ser homem e do que era ser mulher para os padrões dos colonizadores. Não demorou para que algumas sociedades aqui encontradas começassem a registrar casos de violência contra mulheres e crianças, que passaram a ser disciplinadas nas novas ideologias coloniais.

As ideias vigentes do que é ser homem e do que é ser mulher nascem com a noção de propriedade e se aprofundam com o colonialismo e a industrialização, que, não coincidentemente, dão vida ao capitalismo.

Mas aqui precisamos fazer um recorte de raça. Quando o regime binário da diferença sexual estava sendo consolidado, não por acaso, na mesma época em que o colonialismo fincava suas garras no mundo, ele se aplicava a mulheres europeias.

Para mulheres racializadas, como as escravizadas, as regras eram outras.

Enquanto a mulher escravizada era tomada por sexualmente pervertida, forte, resistente à dor e cheia de energia, a mulher branca era lida como passiva, frágil, recatada e honrada. Vejam como as características de gênero não estão associadas à biologia e mudam conforme a necessidade do opressor.

Essa distinção, por exemplo, faz com que o feminismo negro até hoje tenha que lutar por coisas como o direito a receber doses decentes de anestesia em procedimentos cirúrgicos.

Assim, um feminismo que desconsidera essas dimensões da luta não pode ser chamado de feminismo de fato. Um feminismo que não leva em conta a discriminação da mulher muçulmana na Europa, que não luta ao lado das travestis, que desconsidera os direitos das mulheres trans não vai resolver coisa alguma para nenhum e nenhuma de nós.

Feito esse desvio, voltemos aos trilhos.

Do que os homens têm que abrir mão para se tornarem homens nessa sociedade do regime binário da diferença sexual?

Para a escritora, romancista e cineasta francesa Virginie Despentes, reprimir emoções e calar a sensibilidade faz parte da cartilha de exigências da masculinidade extensa e cheia de opressões, que inclui ter vergonha de demonstrar delicadeza ou vulnerabilidade. Ser torturado pelo tamanho do pau. Não dar jamais sinais de fraqueza. Não ligar para as roupas que veste, nunca brincar com o cabelo, não usar joias. Maquiagem, nem pensar. Não saber pedir ajuda. Ter que ser valente a todo instante. Ser forte. Ser agressivo. Pegar muitas mulheres. Não brincar de boneca. Se submeter à brutalidade de outros homens sem reclamar.[11]

A gente poderia seguir com a lista. Mas vamos parar por aqui porque já temos exemplos suficientes.

Muito se fala sobre o corpo da mulher pertencer aos homens e de quantas violências essa dinâmica gera. Mas pouco se fala sobre a quem pertence o corpo de um homem.

---

[11] DESPENTES, Virginie. *Teoria King Kong*. Trad. de Márcia Bechara. São Paulo: N-1 Edições, 2016.

Mais uma vez, recorremos a Despentes e a sua Teoria King Kong. Nela, a autora explica que corpos femininos e masculinos são corpos confiscados. Se o corpo da mulher é uma propriedade dos homens, o corpo dos homens é uma propriedade da produção. Achamos essa colocação bastante simbólica. Ela mostra, de forma simples, como estamos todas e todos enjaulados nesse regime binário da diferença sexual. O que distingue as feministas dos demais participantes desse jogo é que o feminismo revela as grades e mostra, com isso, onde estamos presas e presos.

Sem enxergarmos as grades, podemos eventualmente achar que estamos num parque. Um parque com regras e normas, mas um parque de onde podemos sair quando quisermos. E não é bem assim: o caráter hegemônico dessas tecnologias de dominação nos impede de fazer isso. Isso quer dizer que elas estão por toda parte e de modo tão naturalizado que nos parecem a condição autêntica da própria realidade.

Milhões de homens, e muitas mulheres, acreditam que a luta feminista vai tirar deles a virilidade e, por isso, buscam deslegitimar o movimento como se já tivesse havido um tempo em que fossem livres. Nunca houve. Todos temos corpos capturados por algo ou alguém.

Com medo do que o feminismo pode transformar, muitos homens escolhem tentar deslegitimar a luta dizendo que é apenas um movimento de mulheres que querem ter pelos debaixo do braço. Reduzem o feminismo a um conjunto de escolhas pessoais e tentam tirar dele seu caráter emancipador, político, social.

Queremos, claro, poder fazer escolhas pessoais sobre nossos corpos sem sermos importunadas. Mas, mais do que isso, queremos um mundo no qual sejamos todas e todos respeitados.

E os movimentos LGBTQIAPN+ entram em cena para iluminar um pouco mais as jaulas dentro das quais estamos a ponto de podermos ver suas grades.

Como a agenda LGBTQIAPN+ pode ajudar homens héteros?

Vamos falar mais especificamente da letra T, de transexuais, porque é ela que tem, mais recentemente, bagunçado esse coreto, de forma a colocar tudo no chão sem possibilidade de que seja reconstruído nos mesmos termos de antes.

Um homem transexual pode ou não ter uma vagina. Uma mulher transexual pode ou não ter um pênis. A transição pode ou não ser feita com hormônios e/ou cirurgias. Nada disso importa. Importa mesmo que aquela pessoa se identifique com o gênero que não aquele estabelecido por um médico e por um cartório no ato do nascimento.

> MAS E A SEXUALIDADE?
> ONDE ENTRA NESSA HISTÓRIA?
> SEXUALIDADE TEM A VER COM DESEJO.

Mulheres que desejam outras mulheres se declaram lésbicas. Mulheres e homens que desejam mais de um gênero se declaram bissexuais. Pessoas que se apaixonam por pessoas a despeito do seu gênero são pansexuais.

Será que, quando dizemos que só nos apaixonamos por esse ou aquele gênero, estamos genitalizando nossa paixão?

Depende.

O que não depende é saber que não somos apenas um órgão sexual. Ou reprodutivo. Ou nossa composição hormonal. Somos uma constelação de desejos, comportamentos e sonhos que incluem dados anatômicos. Para entender a situação da genitalização, vamos imaginar uma situação hipotética.

Você, homem que se declara hétero, é informado de que sua mulher vai deixar de ter uma vagina. Por motivos que não vêm ao caso, sua mulher vai passar a ter um pênis. Ou, se a imagem do pênis perturba você, imaginemos que ela vai passar a ter qualquer outra coisa, menos uma vagina. Ela é a mesma pessoa pela qual você se apaixonou. Os mesmos sonhos, desejos, humor. Os mesmos afetos. A mesma história, o mesmo jeito de rir, de chorar, de amar. Tudo igual, menos a vagina que foi suprimida. O que você faria? Deixaria de amá-la imediatamente? Iria embora? Sentiria nojo?

Nesse caso, o que você ama? A pessoa ou a vagina?

Há hoje nos consultórios de urologia mulheres que buscam examinar seus pênis. E, nos de ginecologia, homens que precisam fazer um Papanicolau. Ter um pênis ou uma vagina não é o que nos torna homens ou mulheres.

A transexualidade também entra em cena para borrar o conceito de homo e heterossexualidade.

Vejamos a seguinte situação, também hipotética, imaginada por uma das autoras deste livro, que se declara lésbica:

Imaginemos que vou a uma festa e lá me interesso por outra mulher. Conversamos, rimos, flertamos e acabamos na cama. Nessa hora eu percebo que a mulher tem um pênis. Vou embora? Se eu optar por me mandar, o meu interesse era pela pessoa ou pela ideia de uma vagina acoplada à pessoa?

O que isso diz a meu respeito? Como isso limita meus campos de afeto e prazer? E se eu me apaixono por uma mulher, casamos e depois de um tempo ela transiciona e passa a ser um homem trans? Nesse caso saímos à rua como um casal hétero? Isso me torna heterossexual? Mas como se eu sempre me identifiquei como lésbica? Onde me encaixo agora?

Ler a obra de Judith Butler,[12] filósofa não binária estadunidense, nos faz entender, em seu livro *Problemas de gênero*, lançado em 1990 nos Estados Unidos, que o que buscamos em um outro não é a nossa confirmação, mas a nossa reinvenção. Os verdadeiros encontros nos transformam, confundem, deslocam. Num mundo cada dia mais protocolar e que mobiliza o medo como o afeto político central, esse tipo de colocação apavora, mas isso não tira dela sua verdade.

Dizer que alguns homens gostam apenas das vaginas e não exatamente da pessoa anexada a ela seria um exagero? Não nos parece que seja. Aqui, a pergunta que a gente tem que fazer é: por que a genitalização é um diagnóstico perturbador? Qual é o problema de gostar de vagina acima de qualquer coisa?

Genitalizar é objetificar. Gostar de vagina mais do que do sujeito a que ela pertence é se autorizar a praticar violências cotidianas que tanto machucam e matam mulheres.

Paul B. Preciado escreveu uma carta na internet, intitulada "Carta de um homem trans ao antigo regime

---

[12] BUTLER, Judith. *Problemas de gênero*: feminismo e subversão da identidade. Rio de Janeiro: Civilização Brasileira, 2003.

sexual", no contexto das denúncias do movimento #MeToo: uma série de acusações contra altos executivos do cinema estadunidense, que depois se expandiu pelo mundo. Nessa carta, o filósofo se coloca como um contrabandista entre dois mundos: o "dos homens" e o "das mulheres". Mundos, ele diz, que são como muros de Berlim e poderiam não existir. Preciado explica que não escreve como homem, pelo menos não como um homem de quem se exige o exercício da soberania masculina. Mas que também não escreve como mulher, dado que ele, de forma voluntária, abandonou "essa encarnação política e social", como diz.

Ele fala como homem trans. E apressa-se a explicar que não pode falar nem como homossexual nem como heterossexual, porque uma pessoa trans borra por completo essas fronteiras. Ele se autoproclama um desertor do sistema binário da diferença sexual. É desse lugar que ele diz ter visto que a classe dominante, que é masculina e heterossexual, não vai abandonar seus privilégios porque fizemos uma algazarra de protestos nas redes sociais. Ele chama a batalha pelo fim do sistema de gêneros binários de "a guerra dos mil anos", porque o que está em disputa não é nenhum território, mas os corpos e o gozo. Preciado acredita que a soberania masculina se define pela violência e a feminina, pela capacidade de gerar. A violência masculina se manifesta socialmente como dominação, economicamente como privilégio e sexualmente como estupro.

Ou seja: ele estabelece uma dicotomia clara entre o poder masculino estar em promover a morte, enquanto o feminino está em dar a vida. E aqui, genialmente, Preciado cria a utópica imagem da erotização entre Robocop e Alien como representativa da heterossexualidade. A grande sacada não está apenas na apresentação dessa simbologia, mas também no entendimento de que os papéis de Robocop e de Alien não são nem escolhidos nem conscientes. É o que ele chama, com o aval e a inspiração de Judith Butler, de "a estética da sedução", que faz uso da erotização do poder para se perpetuar. Para o filósofo, é essa política do desejo que mantém vivo o regime binário da diferença sexual.

Como um homem trans, ele conta que essa estética do regime sexual não o faz gozar. Que não tenta escapar de sua própria miséria sexual colocando a mão na bunda de uma mulher no transporte público. Que esse jogo de poderes dentro do qual ele agora, em corpo masculino, poderia dançar não faz sentido para pessoas trans.[13]

Uma vez que já temos ferramentas para estabelecer a diferença entre sexo e gênero, vamos lá então!

Sexo está associado às diferenças anatômicas (vagina/seios/pênis) e gênero é a construção social do sexo; é a maneira como homens e mulheres se comportam e que corresponde a aprendizados socioculturais que nos doutrinam a agir de acordo com os papéis coletivamente estabelecidos para cada gênero.

Já a identidade de gênero é a forma como a pessoa se enxerga. Pessoas que se identificam com o gênero a elas designado no momento do nascimento são chamadas cisgêneras.

Aquelas que não se identificam, são as transgêneras, transexuais e travestis.

---

[13] PRECIADO, Paul B. Carta de um homem trans ao antigo regime sexual. *Disco Punisher*, 24 jan. 2018. Disponível em: https://discopunisher.wordpress.com/2018/01/24/carta-de-um-homem-trans-ao-antigo-regime-sexual/. Acesso em: 23 ago. 2024.

Há também as pessoas não binárias, que não se enquadram na divisão binária de homem e mulher, como mencionamos na introdução deste livro.

E, finalmente, como já vimos, a identidade sexual é diferente do sexo e da identidade de gênero, pois é a forma como expressamos nossos desejos: heterossexual, homossexual, bissexual, pansexual etc.

Mas pera lá. "Não tenho controle sobre meus desejos", vocês podem argumentar. "Nasci assim", vocês podem dizer.

Bem, não exatamente. Desejo também é construído, e a gente vai tratar disso especificamente nos próximos capítulos.

Agora, vamos falar da cultura heterossexual masculina.

A filósofa americana Marilyn Frye, em seu livro *Politics of Reality: Essays in Feminist Theory*, escreveu que a cultura heterossexual masculina é homoafetiva, uma afirmação que choca muita gente. Então, vamos explicá-la.

Para Frye, dizer que um homem é heterossexual significa apenas dizer que ele mantém relações sexuais com o sexo oposto. Tudo, ou quase tudo, que é relacionado aos demais afetos, a maior parte dos homens heterossexuais reserva para outros homens, e não para mulheres. Frye diz que homens heterossexuais admiram, respeitam e veneram outros homens. As pessoas que eles imitam e com quem criam vínculos mais profundos são, em sua maioria, outros homens. As pessoas de quem eles querem respeito e admiração são outros homens. Para a filósofa, esses mesmos homens querem de uma mulher duas coisas: sexo e servitude. O que eles entendem como respeito em relações com mulheres é a colocação da mulher em uma redoma ou em um pedestal. Com base nessa reflexão, ela diz que a cultura heterossexual masculina é homoafetiva: ela cultiva o amor pelos homens.[14] Essa cultura, além de genitalizar, diminui as mulheres, que servem apenas para tarefas muito específicas na vida de um homem: cuidar (dele, dos filhos e da casa), transar, confortar. Não há interesse por ideias, por desejos, pela inteligência, sabedoria, intelectualidade, criatividade (a não ser para fins sexuais) da mulher.

Um relacionamento nesses termos é um relacionamento incompleto, opressor, repressor, violento. O homem, doutrinado desde menino para buscar o respeito de outros homens e querer de uma mulher sexo e cuidado, fica limitado a um campo empobrecido de afetos, de sexualidade, de prazer.

É por isso que o feminicídio é um crime tão comum.

> O feminicídio é o assassinato de uma mulher pela sua condição de mulher, ou seja, no arranjo de uma situação em que ela desempenha um papel de esposa, ex-esposa, namorada, ex-namorada, filha, irmã, de ficante ou potencial ficante, de objeto de desejo. Feminicídio não é o assassinato da mulher que estava num banco na hora de um assalto, ou da mulher vítima de uma bala perdida. Ou seja, feminicídio acontece em situações em que existe uma desigualdade de gênero.

O feminicídio é um crime que tem em sua base a ideia de posse masculina sobre a mulher. Voltaremos a esse tema no Capítulo 2, mas, por enquanto, é importante

---

[14] FRYE, Marilyn. *Politics of Reality*: Essays in Feminist Theory. Crossing Press, 1983.

reter o seguinte: só se pode ser dono daquilo que se consegue destruir. Essa é, aliás, a precisa definição de propriedade: o direito de destruir. O resto é usufruto.

E é também por isso que o corpo de uma mulher trans é quase sempre (em 75% das vezes) desfigurado depois de assassinado. O homem heterossexual, limitado a uma dimensão estreita de masculinidade, procura pelo prazer proibido na calada da noite e, ao amanhecer, envergonhado por ter sido penetrado, assassina seu objeto de desejo.

Num mundo em que não houvesse o regime disciplinador da diferença sexual, esse homem que se declara heterossexual poderia navegar pela sua sexualidade com mais liberdade.

Ser penetrado pela mulher, por que não? Assumir uma possível bissexualidade? Brincar de explorar novas formas de prazer? São muitas as opções.

Há um componente tragicômico na prisão da masculinidade. Todas as pessoas que têm uma próstata são capazes de gozar quando a estimulam. Então, existe um tipo de homem que, mesmo tendo vindo ao mundo com um órgão que o leva ao orgasmo, opta por deixá-lo quieto, escondidinho. Não quer que cheguem perto, que ninguém o toque, porque isso vai o fazer menos homem num mundo que supervaloriza um tipo muito peculiar de masculinidade.

Não usar a sua próstata para fins de orgasmo é como pegar uma Ferrari numa estrada que não tenha limite de velocidade e decidir viajar a 20 quilômetros por hora até o destino final.

Está ficando claro como esses papéis de gênero limitam e aprisionam?

Judith Butler, em seu livro *Problemas de gênero*, fala que gênero é performance. O que ela quer dizer com isso?[15]

Quer dizer que, desde muito cedo, somos treinadas e treinados a performar um certo gênero. Um treinamento exaustivamente imposto pela sociedade, baseado na citação ou repetição de comportamentos socialmente reconhecidos como masculinos ou femininos. Das menores às maiores coisas: do modo de andar, falar, gesticular (ou conter os gestos) até a tomada de decisões, a postura e o modo de reagir a situações. Butler chama a atenção para a circularidade do gênero: ele é um sistema de regras, normas, convenções e práticas que produz o sujeito "masculino" ou "feminino" que pretende descrever.

O homem que anda com as pernas abertas, fala grosso, faz piadas homofóbicas e misóginas, respeita e admira apenas outros homens, se gaba de ter transado com muitas mulheres, acelera seu carro por aí etc, etc, etc. está performando masculinidade.

Isso não quer dizer que basta ele compreender que gênero é performance para mudar o padrão. Mudar o padrão é um gesto imenso, exige disciplina, entrega e, acima de tudo, coragem. E o padrão nos é introjetado desde muito cedo. Está arraigado em nossos espíritos.

Além disso, um homem que abre mão dos signos da masculinidade vai ser ridicularizado socialmente. Vai ser diminuído, excluído, feminilizado.

E aqui entra a questão da misoginia.

Qual é a diferença entre machismo e misoginia?

Vamos às definições do dicionário Michaelis:

[15] BUTLER, Judith. *op. cit.*

> **Machismo:**
> "Orgulho masculino em excesso; virilidade agressiva".
> "Ideologia da supremacia do macho que nega a igualdade de direitos para homens e mulheres".
> **Misoginia:**
> "Antipatia ou aversão mórbida às mulheres".[16]

São definições confusas e que pouco explicam. Vamos à vida como ela é.

Machismo é um sistema de discriminação que prega a superioridade dos homens em relação às mulheres. Ele se expressa em opiniões e atitudes que são contrárias à igualdade entre os gêneros. O machismo não coloca o homem apenas no topo da hierarquia social, mas como sexo universal ao qual tudo deve se comparar. No machismo, o homem não é uma identidade. É o natural. Mulher, sim, é uma identidade. Ela é o diferente, o "outro" do masculino.

Assim, encontramos sentido na famosa frase da escritora francesa Simone de Beauvoir: "não se nasce mulher, torna-se mulher". Entre tantos significados importantes, sobressai a ideia de que o sujeito universal é masculino, portanto nós, mulheres, nascemos como um "outro" do masculino e precisamos, ao longo da vida, nos construir como sujeitos femininos – não por nós mesmas, mas em contraste com esse masculino.

---

[16] MACHISMO. *In*: Michaelis Dicionário Brasileiro da Língua Portuguesa. São Paulo: Melhoramentos, 2024. Disponível em: https://michaelis.uol.com.br/moderno-portugues/busca/portugues-brasileiro/MACHISMO/. Acesso em: 23 ago. 2024; MISOGINIA. *In*: Michaelis Dicionário Brasileiro da Língua Portuguesa. São Paulo: Melhoramentos, 2024. Disponível em: https://michaelis.uol.com.br/moderno-portugues/busca/portugues-brasileiro/misoginia/. Acesso em: 23 ago. 2024.

Mas e a misoginia?

Misoginia é a ridicularização, a infantilização e o desprezo (por) e (de) tudo o que é relativo ao feminino.

Se os meninos são socializados aprendendo que ser homem é o oposto do que é ser mulher e escutando coisas como "chuta feito homem!", "quem chora é menininha", "deixa de ser maricas" etc., então eles aprendem desde cedo que as coisas relativas ao feminino são menores, menos importantes, mais frágeis e altamente desprezíveis. Que tipo de homem estamos criando? Homens que acreditam que ser mulher é ser inferior. Homens que têm certeza de que o feminino é menosprezável, desdenhável e, no limite, abjeto.

Se o feminino é assim tão menor e vergonhoso, fica fácil silenciá-lo, oprimi-lo, rejeitá-lo, abusá-lo, estuprá-lo, matá-lo. O machismo e a misoginia oferecem a ideologia necessária para que homens, todos os dias, acabem com a vida de muitas mulheres.

Então, quando num estádio uma torcida trata o time masculino adversário no feminino ("Vamos ganhar DELAS"), essa torcida está sendo misógina. Quando homens usam o feminino para debochar um do outro ("Onde você comprou essa camisa tinha para homem?", "Tá revoltadinha hoje, né?"), esses são comportamentos misóginos.

Colocar o feminino como coisa menor é dizer que as mulheres importam menos. Ou que não importam. É pavimentar o caminho para a violência que pode levar ao assassinato de uma mulher. Se a mulher não é nada, ou perto disso, eu posso destruí-la sem problema algum.

Reduzir a mulher a um órgão sexual, apequená-la, não se importar em escutar sua opinião, usá-la apenas como a cuidadora do lar e alívio sexual é machismo. E misoginia.

> O MACHISMO E A MISOGINIA NÃO PULSAM
> APENAS EM HOMENS HETEROSSEXUAIS,
> OBVIAMENTE. HÁ MUITO MACHISMO E
> MUITA MISOGINIA ENTRE HOMENS GAYS,
> NA COMUNIDADE LGBTQIAPN+ E TAMBÉM
> ENTRE MULHERES.
> HÁ MACHISMO E MISOGINIA EM EXCESSO NA
> DIREITA, COMO A GENTE SABE, MAS TAMBÉM NAS
> IDEOLOGIAS DE ESQUERDA, NOS SINDICATOS,
> NOS PARTIDOS MAIS PROGRESSISTAS, NAS
> EMPRESAS MAIS CONSCIENTES. O MACHISMO
> E A MISOGINIA SÃO DOIS DOS PILARES QUE
> SUSTENTAM A SOCIEDADE ATUAL, TODAS E
> TODOS NÓS TOMAMOS ELES NA MAMADEIRA E,
> PORTANTO, ESTAMOS INFECTADOS.

A questão aqui é saber qual é o alcance dessa infecção e como podemos nos livrar dela. O processo de nos deseducar é coletivo. Estamos juntas e juntos passando por ele. Esse processo de deseducação coletiva tem deixado muitos homens desconfortáveis. E não falo apenas de conservadores que se declaram orgulhosamente machistas. Falo de homens que se identificam com movimentos de esquerda e que se declaram antimachistas. É de fato perturbador passar a existir num mundo que começa a rever o lugar da mulher e os papéis de gênero. Para muita gente, era mais simples quando os papéis já estavam definidos. Homem faz isso, mulher faz aquilo.

Nem todo homem é machista convicto, mas todos, absolutamente todos, se beneficiam de uma sociedade machista. Assim como nem toda pessoa branca está integralmente infectada de racismo, mas toda pessoa branca se beneficia de uma sociedade racista.

É comum que alguns homens, que se julgam aliados na luta feminista, fiquem incomodados com generalizações. "Homens são machistas", "homens abusam", "homens são violentos", "homens oprimem", por exemplo. Apressados, dizem: "nem todo homem faz essas coisas".

> VEJAM: SIM, NEM TODO HOMEM.
> MAS SEMPRE UM HOMEM.

Nem todo homem faz, mas todos se beneficiam dessas situações.

E, mais importante, quando um homem diz "nem todo homem", ele está interrompendo um debate maior, que envolve violências sociais impostas a mulheres para chamar a atenção para si. Ele está dizendo "eu não sou assim". Ele está dizendo: "olhem como eu sou bacana". Ele está sugerindo que o debate seja pausado para que falemos dele e olhemos para ele. Percebem como soa mimado? Soa individualista. Soa infantil. Soa amedrontado.

A partir do momento em que você, enquanto homem, entender que não está entrando nessa luta para agradar as mulheres ou para se mostrar um cara consciente, mas sim para se libertar, tudo muda e interrupções com a frase "veja bem, querida, nem todo homem" sequer passarão pela sua cabeça.

Agora estamos prontos e prontas para falar de sexo e de desejo sob a perspectiva feminista.

CAPÍTULO 2:
SEXO E DESEJO

No capítulo anterior, a gente falou de papéis de gênero e de como sua rigidez aprisiona tanto mulheres quanto homens. A gente aprendeu a diferença entre sexo, gênero, identidade sexual e sexualidade; e viu o que é o regime binário da diferença sexual e como ele nos oprime desde a nossa infância.

Neste capítulo, vamos examinar como o feminismo pode ajudar a emancipar o sexo e o desejo das amarras do machismo. Para isso, vamos falar sobre a liberdade sexual, a armadilha da sacralização da maternidade e da mulher do lar. Isso entendido, estaremos prontas e prontos para tratar da consequente demonização da mulher que aborta, do sentimento de posse, da objetificação da mulher, do ciúme, da honra masculina, da ambivalência da experiência erótica feminina e do papel da pornografia na construção do desejo contemporâneo.

Para pensar sobre o sexo e o desejo sob uma perspectiva crítica, precisamos assumir o ponto de partida de que eles formam um domínio muito significativo da vida social, moldado por experiências, regras morais, pelo imaginário cultural, e que é atravessado pelo status social e pelo poder econômico. E esse domínio é carregado de machismo.

Hoje conseguimos fazer esse debate porque vivemos duas grandes transformações muito conectadas, que aconteceram entre os anos de 1960 e 1970.

De um lado, a importância do feminismo daquele período em assumir a máxima de que "o pessoal é político", com isso destacando a necessidade de discutir pública e coletivamente as opressões vividas pelas mulheres na esfera privada, ou seja, dentro de casa.

De outro, o papel que a revolução sexual desempenhou disseminando a ideia de liberdade sexual nas sociedades urbanas do norte e do sul global.

Mas o que a liberdade sexual significava?

Em linhas gerais, o que ela fez foi tentar substituir uma visão conservadora sobre o sexo, como prática a ser feita exclusivamente dentro do casamento, por um casal heterossexual, com a finalidade da procriação, por uma visão do sexo como atividade importante para a saúde física, mental e emocional de pessoas adultas, e que deveria ser vivida sem as amarras da vergonha e da culpa.

Embora alguma liberação tenha, sim, acontecido no que diz respeito à emancipação sexual das mulheres, a revolução sexual deixou ainda muito trabalho a ser feito.

Aqui gostaríamos de destacar três pontos.

Primeiro, a estrutura machista segue firme, mesmo que insidiosa, sob a aparência da liberdade das mulheres, ao menos das que vivem nas camadas médias urbanas das cidades do norte e do sul global, pois em muitos lugares do mundo não há sequer vestígio de liberdade sexual ou qualquer outra liberdade para as mulheres.

Segundo, mesmo no ambiente de suposta liberdade, mensagens contraditórias são emitidas para as mulheres o tempo todo – por exemplo, "seja livre, mas cuidado para não parecer puta", "não seja frígida e reprimida, mas não demonstre muito seu desejo sexual". Ou seja, seja livre, mas não muito.

Com isso, com relação ao desejo e ao prazer sexual, a vida das mulheres é caminhar no fio da navalha. Não há clareza sobre o que é o comportamento feminino considerado socialmente adequado com relação ao sexo, o que provoca angústia e frustração sexual.

Terceiro, a transformação do papel do sexo na sociedade produziu uma inversão também perturbadora, que não facilita as coisas para as mulheres, e na verdade para ninguém.

Como afirmou o filósofo Michel Foucault,[17] o imperativo da repressão sexual — que é o "controle seu corpo", "reprima seu prazer", "não se solte muito" — não foi substituído pela liberdade, mas por um outro imperativo, o da estimação, que diz "ame, exiba, erotize seu corpo, goze!".

Ou, como bem sintetizou a psicanalista Maria Rita Khel,[18] a norma repressiva (que dizia "não pode transar!") foi sendo substituída pela norma do gozo e do consumo (que diz "transe e, quanto mais transar, melhor!").

Obviamente, essa norma é imposta de modo mais nítido para homens e paira na sociedade de uma maneira ambivalente para mulheres de diferentes classes, idades, origens e pertencimentos sociais.

Além desses aspectos importantes, a questão do desejo e do sexo tem um complicador específico para as mulheres (e pessoas com útero), já que o ato sexual pode levar a uma gravidez. Inclusive um dos despertadores da Revolução Sexual foi a invenção da pílula anticoncepcional em 1960. Foi o primeiro passo para a imaginação de uma vida sexual mais livre para as mulheres, parcialmente liberadas do risco de uma gravidez indesejada.

---

[17] FOUCAULT, Michel. "Poder-corpo". *In*: MACHADO, R. (org.). *Microfísica do poder*. 28. ed. Rio de Janeiro: Paz e Terra, 2014.

[18] KEHL, Maria Rita. Sonhos do avesso. *In: 18 crônicas e mais algumas*. São Paulo: Boitempo, 2011.

Aqui seria preciso fazer um parêntese para falar que a história de como a pílula foi criada é uma história de horror típica do capitalismo. Não vamos nos deter muito nela, mas seria preciso dizer que a criação da pílula anticoncepcional, que, em tese, levou liberdade para milhões de mulheres pelo mundo, é uma história de opressão sobre mulheres das classes mais baixas da periferia do sistema que foram usadas como cobaias para que laboratórios estadunidenses chegassem, através de testes em pessoas, a fórmulas consideradas razoavelmente seguras.

Mulheres pobres de Porto Rico, um estado norte-americano localizado fora do continente, assim como o Havaí, foram submetidas a violentos experimentos em troca de algumas migalhas para que mulheres de classe média e ricas pudessem se tornar sexualmente livres.[19]

Um feminismo que não seja capaz de analisar essas camadas não é o feminismo que vai nos emancipar; é apenas um feminismo que colocará algumas mulheres em situação de poder e de liberdade, e isso não nos serve.

De todo modo, é preciso reforçar que, mesmo com a pílula, o risco de uma gravidez indesejada permanece, já que nenhum método anticoncepcional é cem por cento eficaz e nem todas as mulheres e pessoas com útero têm acesso a políticas públicas de saúde sexual e reprodutiva.

Com isso, a gravidez foi, e ainda é, um dos principais fatos utilizados para justificar a submissão da mulher dentro de uma perspectiva patriarcal: o que é um poder

---

[19] PRECIADO, Paul B. *Testo junkie*: sexo, drogas e biopolítica na era farmacopornográfica. São Paulo: N-1 Edições, 2018.

– o de gerar uma pessoa – é convertido em uma fraqueza, uma obrigação, uma prisão.

Gostaríamos de nos deter um pouco mais sobre a relação entre maternidade e desejo sexual.

Retomamos aqui a reflexão de Paul Preciado, citada no Capítulo 1, sobre como a masculinidade se define pelo direito de dar a morte, enquanto a feminilidade se define pela obrigação de dar a vida. A complementaridade dos papéis de gênero, neste caso, é a de que homens têm direito e mulheres, obrigação.

Preciado lembra as palavras da escritora e ativista lésbica Monique Wittig,[20] para quem a heterossexualidade não fundamenta somente um regime de governo, mas também uma política do desejo, que classifica expressões aceitáveis e inaceitáveis de prazer sexual.

A obrigação de se casar, de ficar em casa, de cuidar da família, de se dedicar ao lar faz parte de uma idealização do feminino, que define um destino biológico para a mulher: a maternidade. Nessa visão, nascemos destinadas à maternidade.

Especialmente se você for um homem, nesse momento, seria interessante refletir sobre algumas questões:

- Você consegue se imaginar vivendo uma vida inteira "destinado" a algo só por uma característica biológica com a qual você nasceu?
- Como você se sentiria se a sociedade te reduzisse a uma função corporal, algo que você não escolheu, que está lá dentro do seu corpo, mas que determina o sentido da sua existência?

[20] WITTIG, Monique. *O pensamento hétero e outros ensaios*. São Paulo: Autêntica, 2022.

Esse é o peso que a maternidade pode ter para a mulher. Mas esse ideal da maternidade não foi sempre assim, e não é assim para todas as mulheres de todas as classes, idades e origens sociais. Ele foi construído, e naturalizado, ou seja, transformado discursivamente pela ciência e outros regimes de poder e conhecimento em algo da ordem da natureza biológica.

Ele foi construído como um ideal de maternidade, principalmente para mulheres cisgênero (ou seja, mulheres que se identificam com o sexo atribuído no seu nascimento), brancas, de classe média e de elite.

Mulheres pobres sempre trabalharam fora ao mesmo tempo que exerceram e exercem a maternidade. Mulheres negras e pobres foram e são cuidadoras de filhos de mulheres brancas de classe média e alta. Mulheres negras, migrantes, pobres não cuidam apenas do lar delas e das outras mulheres, suas patroas, como também de toda a cidade, como lembra a cientista política e feminista negra Françoise Vergès: "Todos os dias, em todo lugar, milhares de mulheres negras, racializadas, 'abrem' a cidade. Elas limpam os espaços de que o patriarcado e o capitalismo neoliberal precisam para funcionar".[21]

E, historicamente, foi durante a consolidação do capitalismo como regime socioeconômico, entre os séculos XVI e XVII, que o ideal da mulher cuidando do lar surgiu, como nos ensina a historiadora Silvia Federici.[22]

Uma das grandes motivações para a formação do ideal da mulher do lar seria manter as mulheres em casa,

---

[21] VERGÈS, Françoise. *Um feminismo decolonial*. São Paulo: Ubu, 2020. p. 18.
[22] FEDERICI, Silvia. *Calibã e a bruxa*: mulheres, corpo e acumulação primitiva. São Paulo: Elefante, 2017.

fazendo trabalho doméstico gratuito e garantindo duas coisas. Primeiro, que os homens fossem trabalhadores funcionais no mercado de trabalho, alimentados, vestidos, com moradia limpa e digna para descansar. Segundo, que bebês fossem produzidos para ocupar os postos de mão de obra barata quando chegasse a hora de substituir os trabalhadores aposentados ou descartados. Isso significa dizer que às mulheres foi destinado o trabalho de reprodução social. Uma frase que sintetiza bem essa ideia tem circulado muito em lambe-lambes e artes de rua. Ela diz o seguinte: "O que eles chamam de amor, nós chamamos de trabalho não pago".

A frase é de Federici e está deflagrando a mistificação que o amor romântico faz sobre o papel da mulher dentro do lar.

Não é à toa que Virginia Woolf, em uma conferência sobre mulheres e profissões em 1931, declarou que, para se lançar na escrita, teve que enfrentar um fantasma que a atormentava a ponto de impedi-la de produzir. O fantasma, que ela batizou de "anjo do lar", era uma mulher:

[...] extremamente simpática. Imensamente encantadora. Totalmente altruísta. Excelente nas difíceis artes do convívio familiar. Sacrificava-se todos os dias. Se o almoço era frango, ela ficava com o pé; se havia ar encanado, era ali que ia se sentar – em suma, seu feitio era nunca ter opinião ou vontade própria, e preferia sempre concordar com as opiniões e vontades dos outros. E acima de tudo – nem preciso dizer – ela era pura. Sua pureza era tida como sua maior beleza – enrubescer era seu grande encanto. Naqueles dias – os últimos da

rainha Vitória – toda casa tinha seu anjo. E, quando fui escrever, topei com ela já nas primeiras palavras. Suas asas fizeram sombra na página; ouvi o farfalhar de suas saias no quarto.

Woolf se deu conta de que não havia saída, senão uma solução drástica: "Era ela que me incomodava, tomava meu tempo e me atormentava tanto que no fim matei essa mulher".[23]

Matar o anjo do lar pode parecer um recurso radical, mas é uma alegoria sobre a necessidade feminina de identificar e combater a subserviência que o patriarcado e o machismo semeiam em cada uma de nós, para que possamos prosperar profissionalmente ou desenvolver quaisquer outros atributos que não envolvam a reprodução do lar.

O aspecto do trabalho será aprofundado no Capítulo 4, e a discussão sobre maternidade será retomada no Capítulo 5, quando falarmos mais especificamente sobre família. Mas é importante reter aqui a questão da idealização da mulher do lar, sobretudo da mãe, como elemento determinante para a investigação do desejo e da sexualidade da mulher.

O ponto é:

> A EXPECTATIVA SOCIAL EM TORNO DA MATERNIDADE FOI E CONTINUA SENDO UM GRANDE ENTRAVE PARA A EXPERIÊNCIA SEXUAL E O DESEJO DA MULHER.

[23] WOOLF, Virginia. *Profissões para mulheres e outros artigos feministas*. Porto Alegre: L&PM, 2023. p. 11-12.

Veja bem, a maternidade em si não é necessariamente um entrave, mas a sua sacralização é, ou seja, a ideia de que ela é o principal objetivo da vida da mulher, que só a maternidade a torna completa, que a mulher se torna divina ao se tornar mãe, e toda sorte de fantasias daí derivadas. Nesse cenário, a questão do aborto, por exemplo, é enquadrada como se fosse um debate religioso, sobre em que momento a vida começa, quando na verdade ela é um debate sobre o direito da mulher de tomar decisões sobre seu corpo e sobre sua saúde sexual e reprodutiva. Uma variante da sacralização da maternidade é justamente a abordagem sacralizada do feto. O feto, ou nascituro, como tem sido chamado, é um artifício, uma muleta a qual muitos se apegam para afirmar que são "favoráveis à vida", ou pró-vida, ao se declararem contrários ao aborto. Mas defender o feto é uma bandeira conveniente para se levantar quando o objetivo é afirmar uma moral, muitas vezes cristã, descomprometida com as pessoas que respiram, como afirma o pastor metodista estadunidense Dave Barnhart.[24]

> É FÁCIL ADVOGAR POR UM GRUPO QUE NÃO COLOCA EXIGÊNCIAS, NÃO TEM PROBLEMAS MORAIS, NÃO SE RESSENTE DOS SEUS PRIVILÉGIOS OU ERROS, NÃO DEMANDA SUA AJUDA FINANCEIRA OU REPARAÇÃO HISTÓRICA, COMO OS ÓRFÃOS, AS PESSOAS EM SITUAÇÃO DE RUA, AS MULHERES POBRES, OS ENCARCERADOS,

---

[24] O texto foi publicado originalmente na página do Facebook do pastor e se tornou viral em 2022, quando a Suprema Corte estadunidense revogou a decisão, conhecida por Roe v. Wade, que garantia o direito ao aborto das mulheres. Disponível em: https://www.snopes.com/fact-check/pastor-dave-barnhart-unborn/. Acesso em: 23 ago. 2024.

> OS ESTRANGEIROS. AO CONTRÁRIO DE TODAS AS PESSOAS MINORIZADAS POLITICAMENTE, OS FETOS NÃO DESAFIAM NINGUÉM A SE DESCULPAR, A QUESTIONAR A PRÓPRIA VISÃO DE MUNDO OU A REIMAGINAR A ESTRUTURA SOCIAL PARA TORNAR A VIDA DAS PESSOAS EM SOFRIMENTO MAIS SUPORTÁVEL. O AMOR PELOS FETOS É UM AMOR CONFORTÁVEL E FUGAZ, POIS, QUANDO ELES NASCEM, PODEM SER ESQUECIDOS, JÁ QUE DEIXAM DE SER FETOS.

A reflexão provocadora de Barnhart é direcionada originalmente para seus irmãos cristãos, mas ajuda a esmiuçar os fundamentos frágeis da centralidade dada ao feto no debate público mais amplo sobre o aborto.

A interpretação moralizante do aborto trata a mulher não como uma pessoa – sujeito de suas ações e de seus desejos e com livre-arbítrio sobre o próprio corpo –, mas como uma incubadora de bebês. A lógica da sacralização da maternidade também atinge o feto: mais sagrada que a mãe só o "bebê inocente" que ainda não nasceu. E essa mesma lógica contém uma grande perversão: de santa em potencial, se decidisse "gestar", a mulher que aborta se transforma imediatamente em demônio, assassina de bebês.

Mas essa visão sobre o aborto não foi sempre assim. Na verdade, como nos ensina Federici, tem uma história bastante particular, que remonta aos séculos XVI e XVII na Europa do período do nascimento do capitalismo. Até aquele momento, as leis ignoravam as práticas contraceptivas femininas, e as pessoas em geral faziam vista grossa para elas, as quais eram saberes compartilhados entre mulheres.

As coisas mudam com a demanda por acumulação primitiva do nascente capitalismo. O cenário é de crise populacional (muitas pessoas morrendo de fome e doenças), surgimento da propriedade privada e demanda por mão de obra barata. Nesse contexto, o Estado resolveu travar uma guerra contra as mulheres, com o objetivo de lhes roubar o poder sobre seus corpos e sua reprodução. A caça às bruxas foi o principal dispositivo dessa guerra, que, além de prender, torturar e assassinar mulheres, condenou todas as práticas e saberes femininos de controle de natalidade e de sexualidade não procriativa como demoníacos. E as mulheres que dominavam tais conhecimentos eram acusadas de sacrificar crianças para o demônio.[25]

Qualquer semelhança com a demonização da mulher que aborta hoje não é mera coincidência, assim como os conjuntos de associações entre as noções de sexo procriativo, destino e pureza construídos em oposição às noções de sexo recreativo, liberdade e impureza.

Muitos argumentos contra o aborto deixam transparecer uma intenção de controlar o corpo e a sexualidade da mulher, ao declarar coisas como: "quis transar, agora aguenta!", "revirou os olhinhos, então arque com as consequências!".

Se fosse somente sobre sexo, reprodução e criar bebês, veríamos homens também serem cobrados por sua paternidade, que é, na maior parte das vezes, superficial, negligente ou ausente. No discurso moral religioso contra o aborto, **a maternidade como resultado do sexo se torna, na verdade, uma espécie de punição à mulher por ter feito sexo.**

E o curioso, ou talvez trágico, é que, na nossa sociedade, dizem que a mulher "engravida para prender" um homem, quando, na verdade, a gravidez deposita sobre a mulher uma carga pesada de tarefas e expectativas de

[25] FEDERICI, Silvia. op. cit. p. 174.

conduta que são mais parecidas com a vida de disciplina na prisão do que a paternidade jamais pareceu.

O papel da maternidade como garantia para a reprodução da sociedade, a partir da produção de bebês que se tornarão trabalhadores, está diretamente associado a uma questão de fundo que tem um efeito nefasto sobre a sexualidade e o desejo da mulher: o fato de ela ser construída socialmente como propriedade do homem.

O casamento, nesse esquema, é organizado como uma barganha na qual o homem desempenha o papel de provedor financeiro e a mulher, o de provedora de bebês, de cuidado doméstico e de sexo. Então, veja só: sendo fábrica de bebês, máquina de lavar que fala e objeto sexual, sempre parece que, de alguma forma, a mulher nunca escapa de ser uma coisa.

Vamos pensar, por exemplo, no caso do colonialismo europeu nos países africanos e do chamado "Novo Mundo", que durou mais ou menos trezentos anos a partir do século XVI. Colonialismo foi um regime de dominação de territórios roubados, com a exploração de recursos naturais e da mão de obra escravizada.

Nesse regime, o estatuto de propriedade de mulheres e pessoas escravizadas passava por uma estratégia de desumanização e coisificação a partir da animalização, ou seja, da aproximação dessas pessoas à natureza. Assim, mulheres e pessoas escravizadas eram tratadas como menos racionais, menos ligadas à cultura e mais sujeitas às pulsões de uma natureza ingovernável.[26]

No colonialismo, mulheres, negros, indígenas, povos originários e os pobres eram classificados, grosso modo,

---

[26] Para saber mais a respeito dos efeitos do colonialismo sobre nossa psique, consultar as obras do psiquiatra e ativista martinicano Frantz Fanon.

como "selvagens" ou "primitivos", a depender da elaboração filosófica ou da teoria evolucionista do momento. Com isso, eram ranqueados como mais ou menos próximos do reino animal.[27] Mas nesse ranque, que podia ter algumas variações sutis, o topo, representando o ápice do desenvolvimento cultural, era sempre ocupado pelo homem, branco, heterossexual, europeu, supostamente intelectualizado e civilizado.

Além da atribuição de irracionalidade, de excesso de emotividade etc., um exemplo dessa animalização aplicada ao erotismo feminino era a construção da ideia de que as mulheres possuíam um desejo desmedido, tanto quanto o de um bicho selvagem.

Não é pura coincidência que no nosso imaginário cultural em pleno século XX, e ainda no XXI, faça bastante sucesso uma personagem de novela que nos seus momentos mais autênticos vire literalmente uma onça, como aconteceu em *Pantanal*, da TV Globo.

É importante enfatizar o ponto central aqui: tanto animais quanto a terra são encarados, no colonialismo, como parte dos "recursos naturais" a serem explorados, desbravados, domesticados pela força "civilizadora" do progresso e do nascente capitalismo.

Abrimos um parêntese: o status de coisa, de propriedade da mulher casada com o "dono de terras", o latifundiário, o "senhor", era diferente do status de uma pessoa escravizada. Enquanto a mulher era oprimida e reduzida a reprodutora dos descendentes do proprietário, era objeto de violência e também de afeto, as pessoas escravizadas eram tratadas apenas como coisas e alvos de

[27] Nessa abordagem interpretativa pautada no colonialismo, tudo ocorre como se a humanidade não pertencesse ao Reino Animal.

violência, tortura e morte. No caso das mulheres escravizadas, havia tudo isso e ainda estupro. Inclusive, no sistema colonial, mulheres que ocupavam a posição de reprodutoras dos filhos dos colonizadores, ou seja, que eram esposas, também eram proprietárias de pessoas escravizadas. Enquanto as esposas eram violentadas com algum verniz de afeto familiar, as mulheres escravizadas eram estupradas sem verniz. Enquanto os filhos das senhoras eram os herdeiros, os filhos das mulheres escravizadas estupradas eram mercadoria, assim como elas.

Esse é o tipo de exemplo que nos permite pensar por uma perspectiva interseccional, expressão cada vez mais presente no debate público. Mas o que interseccionalidade quer dizer?

O termo "interseccionalidade" tem sido usado para se referir ao modo como raça, classe social, gênero, idade e outros atributos da identidade interagem na produção de opressões. Embora diversas autoras e ativistas envolvidas na construção do feminismo negro dos anos 1980, como Gloria Anzaldúa, Audre Lorde, Angela Davis, tenham chamado a atenção para o fato de que os sistemas de opressão (racista, sexista, classista, LGBTfóbico, etarista etc.) não atuam separadamente, mas são conectados na experiência vivida das mulheres racializadas, a advogada e professora Kimberlé Crenshaw[28] é reconhecida por ter introduzido o termo na teoria crítica feminista.

Isso quer dizer que, no caso das mulheres, por exemplo, a opressão do machismo precisa ser avaliada com relação

---

[28] CRENSHAW, Kimberlé Williams. Mapping the Margins: Intersectionality, Identity Politics, and Violence Against Women of Color. *Stanford Law Review*, v. 43, n. 6, p. 1241-1299, 1991.

a outras modalidades de opressão, como as de raça, classe, idade etc. Mas é preciso ter atenção sobre como funcionam as conexões entre opressões: Patricia Hill Collins,[29] socióloga e ativista, destaca que a interseccionalidade não é uma ferramenta para identificar uma soma, sobreposição ou hierarquia de opressões. Ela é uma estratégia interpretativa para descobrir os padrões de interação entre os diversos sistemas de poder que afetam a vida das mulheres em contextos específicos. Um modo de conhecer para transformar a realidade da dominação masculina.

Assim, notamos as complexidades das opressões que atingem as mulheres negras e pobres de um modo diferente das que atingem as mulheres brancas e que não são pobres.

Embora tenha havido mudanças evidentes com relação ao contexto histórico colonial, que instituía diferentes status de propriedade para esposas e mulheres escravizadas, o status da mulher como propriedade masculina segue no imaginário da nossa sociedade patriarcal. Essa continuidade se expressa por meio dos dados revoltantes de violência sexual, que, no Brasil, são maiores entre mulheres negras do que entre brancas, na mesma sociedade na qual se discute cada vez mais o fenômeno da solidão da mulher negra. Os dois pontos serão retomados mais adiante, mas, quando os olhamos juntos, chama a atenção a existência de linhas de continuidade entre o tratamento diferenciado concedido às mulheres brancas e negras: mesmo que ambas sejam alvo de violência, mulheres negras são mais "coisificadas",

---

[29] HILL COLLINS, Patricia. Se perdeu na tradução? Feminismo negro, interseccionalidade e política emancipatória. *Revista Parágrafo*, v. 5, n. 1, 2017.

tanto por terem seus corpos mais violados quanto por serem menos amadas, ou, ao menos, "escolhidas" no mercado afetivo-sexual.

A continuidade do imaginário do corpo da mulher como propriedade (masculina ou coletiva) é um traço que pode remontar à colonialidade, outro termo que tem aparecido bastante nos debates públicos. Vamos ao seu significado.

Para início de conversa, a colonialidade é diferente do colonialismo.

> SEGUNDO O SOCIÓLOGO ANÍBAL QUIJANO, A COLONIALIDADE É O CONJUNTO DE FORMAS DE COLONIALISMO QUE SOBREVIVERAM AO COLONIALISMO HISTÓRICO. A COLONIALIDADE É UM ARRANJO DE ESTRUTURAS DE PODER E DOMINAÇÃO QUE SE ARTICULAM EM TORNO DO CONTROLE DA ECONOMIA, DA AUTORIDADE, DO GÊNERO E DA SEXUALIDADE, DO CONHECIMENTO E DA SUBJETIVIDADE, A PARTIR DE LÓGICAS MATERIAIS E SIMBÓLICAS. ELA TAMBÉM SE INFILTRA NO IMAGINÁRIO E NAS IDEALIZAÇÕES SOCIAIS.[30]

Podemos identificar como a colonialidade desempenha um papel importante na construção da mulher como propriedade do homem. Ela aparece na visão da mulher como propriedade do pai (muitas vezes vigiada pelos irmãos, tios, primos, avós e por outros homens da família) e é passada para o marido no casamento.

---

[30] QUIJANO, Aníbal. Colonialidade do poder, Eurocentrismo e América Latina. *Consejo Latinoamericano de Ciencias Sociales (CLACSO)*, 2005.

Podemos refletir sobre o simbolismo por trás do ritual aparentemente doce do pai que leva a filha ao altar no casamento e a entrega ao marido. Se fosse apenas um "gesto de carinho", teríamos outras formas de expressão de afeto, não? *Por que sempre o pai entrega a filha ao marido? Por que não temos uma variedade ritual em que às vezes a mãe entrega o filho à nora?*

Essas questões são boas para pensar as diferentes maneiras de exercer a dominação sobre as mulheres para além do uso da violência.

Considerando que a mulher não tem autonomia para decidir sobre o próprio corpo no caso de uma gravidez indesejada, fica evidente que também ao Estado se arroga um poder de proprietário sobre o corpo feminino.

Dentro do casamento ou de uma união estável, o sentido da propriedade salta aos olhos quando lembramos que a imposição da fidelidade, em regra, exigida de ambos os parceiros, na prática é muito mais cobrada da mulher. Ela está atrelada à suposta garantia de que os filhos gerados em um casamento sejam herdeiros "legítimos". Ou seja, que aquele homem esteja "sustentando" e criando um patrimônio para seus filhos verdadeiros, biológicos, de sangue. Do ponto de vista patriarcal, demandar fidelidade não tem a ver com amar demais, e sim com garantia de continuidade da propriedade.

Assim, o ciúme entra em cena, com o verniz romantizado da posse.

O ideal da fidelidade da mulher se torna então uma exigência imposta com violência. O ciúme passa a ser um sentimento "aceitável", frequentemente romantizado como termômetro do sentimento, que sinalizaria o "tamanho do amor" pela parceira.

Claro que mulheres têm ciúme também, mas, na sociedade patriarcal, a fidelidade da mulher se torna "garantia da honra do homem", e a ele é permitido, ou socialmente aceito, que faça qualquer coisa para defender sua honra, inclusive matar a mulher.

Apenas em 2023, o Supremo Tribunal Federal (STF) declarou inconstitucional o uso da tese da legítima defesa da honra em crimes de feminicídio ou de agressão contra mulheres.[31] Isso significa dizer que homens em julgamento por assassinar suas esposas, companheiras, namoradas, ex-parceiras, filhas ou irmãs não podem mais usar a defesa da própria honra masculina como justificativa para atenuar sua condenação.

Coincidentemente ou não, vimos nos últimos dois anos a recuperação desse debate a partir de um caso emblemático que se tornou um produto cultural com grande repercussão nacional. Trata-se do podcast "Praia dos Ossos", que recuperou a história de um crime que conflagrou o Brasil nos anos de 1970, o assassinato de Ângela Diniz por Doca Street.[32]

Os advogados de Doca, assassino confesso de sua namorada, Ângela, em 1976, lançaram mão da tese da legítima defesa da honra em seu julgamento. Foram tantos os atenuantes que, mesmo condenado, Doca saiu livre do julgamento em 1979. Em 1981, no segundo julgamento, foi condenado a 15 anos de prisão, o que foi uma conquista do movimento feminista brasileiro que

---

[31] *STF decide proibir uso da tese de legítima defesa da honra em casos de feminicídio* — Rádio Senado.
[32] PRAIA dos Ossos. [*s. l.: s. n.*], 2020. 15 vídeos. Publicado pelo canal pela Rádio Novelo. Disponível em: https://www.youtube.com/watch?v=VOAws1a1FIA&list=PLD-9mG2PTpdBXeFga4AyHQOFKIaoAXIJM. Acesso em: 23 ago. 2024.

se articulou a partir da indignação em relação ao primeiro julgamento.

A tese da legítima defesa da honra de Doca foi embasada em uma apresentação de Ângela como uma mulher com uma "conduta sexual promíscua". Ou seja, responsabilizando a vítima por seu assassinato. A reação das feministas foi colocar muitas mulheres nas ruas com o slogan "quem ama não mata". A estratégia se revelou muito eficaz no momento inicial, porque condensou em uma frase curta e com apelo popular uma ideia capaz de agregar adeptas e adeptos à luta das mulheres. E, na sequência, porque, ao tirar o foco da vida sexual da mulher, apontava para o verdadeiro responsável pelo crime, o homem violador, questionando o que o machismo chama de amor. O sucesso foi tanto que a frase conseguiu se infiltrar no imaginário coletivo nacional, ecoando até hoje.

A violência contra a mulher no Brasil é um mal social de proporções revoltantes e perturbadoras. Os dados de 2022, sistematizados no levantamento mais recente feito pelo Anuário Brasileiro de Segurança Pública,[33] nos permitem ter uma real dimensão do horror:

- O feminicídio matou 1.437 mulheres: 61% delas eram negras e 7 em cada 10 dessas mulheres morreram dentro de casa.

---

[33] Dados sistematizados no Anuário Brasileiro de Segurança Pública de 2023. Disponível em: https://forumseguranca.org.br/wp-content/uploads/2023/08/anuario-2023-texto-07-o-crescimento-de-todas-as-formas-de-violencia-contra-a-mulher-em-2022.pdf e https://forumseguranca.org.br/wp-content/uploads/2023/08/anuario-2023-texto-08-a-explosao-da-violencia-sexual-no-brasil.pdf?data=160124. Acesso em: 23 ago. 2024.

- Foram registradas 245.713 agressões a mulheres no contexto de violência doméstica.
- 74.930 estupros foram registrados, 88,7% dos quais contra mulheres e meninas, 68% aconteceram na casa da vítima e 83% dos abusadores eram conhecidos da vítima.

Se esses dados estão te causando consternação, prepare-se. O buraco fica ainda mais embaixo.

- Em 8 de cada 10 estupros, as vítimas eram menores de 18 anos.
- 60% das vítimas de estupro e violência sexual no Brasil têm entre 0 e 13 anos de idade.

A situação é ainda mais trágica quando se considera o fenômeno da subnotificação.

Há uma estimativa de que apenas 8,5% dos casos sejam reportados, o que elevaria para mais de 800 mil o número de estupros cometidos no Brasil a cada ano.

Ou seja, mais de 90% das meninas e mulheres que sofrem alguma violência sexual não vão à delegacia formalizar uma denúncia por medo ou vergonha, por achar, ou saber, que vão passar por uma grande humilhação, e o criminoso não será responsabilizado. Nesses casos, com frequência, a menina ou mulher é obrigada a recontar a história de violência, com riqueza de detalhes dolorosos, ao mesmo tempo que responde a questionamentos absurdos das forças policiais. Essas situações recebem o nome de "revitimização" e são experiências que se somam ao trauma da violência vivida.

> CONSIDERANDO TODAS AS HUMILHAÇÕES QUE SABEMOS QUE AS MULHERES PASSAM PARA DENUNCIAR UM ESTUPRO, DESDE PERGUNTAREM SOBRE O TAMANHO DA ROUPA E SE ESTAVAM BÊBADAS, ATÉ REVIVER AS MEMÓRIAS DA VIOLAÇÃO, QUEM PODERÁ CULPAR CADA UMA DELAS POR NÃO DENUNCIAR?

Os números da violência contra as mulheres dizem muito. Vamos focar em três pontos. Primeiramente, é importante que os homens reflitam sobre como amam as mulheres com quem se relacionam. É preciso distinguir amor de posse. O patriarcado demanda que os homens se comportem como proprietários das suas companheiras, como se fossem donos das mulheres com quem se relacionam. É preciso interromper esse comportamento automático investigando a própria postura na intimidade. Se você faz comentários negativos sobre o corpo ou o tamanho da roupa da mulher que diz amar, tenta impedi-la de vestir o que deseja, de conviver com seus amigos e familiares, a desencoraja a estudar, a crescer profissionalmente e a conquistar seus sonhos, repense. Você está minando a possibilidade de essa mulher se reconhecer como um ser autônomo e capaz de fazer escolhas e tomar decisões, ou seja, de reconhecer a própria humanidade. Se você vê seu amigo, parente ou outro homem que faz parte da sua vida agir assim com suas companheiras, tome partido, se posicione. Seu silêncio vai proteger sua amizade masculina em nome do sofrimento de uma mulher e do fortalecimento das estruturas do machismo.

Ser tratada como uma "coisa" traz implicações diretas para a experiência do desejo e da sexualidade das mulheres. Os homens precisam se colocar como aliados para fazer parte da transformação dessa realidade, que transcende suas relações íntimas e está por todo lado na sociedade.

A posse que está na raiz da violência contra a mulher se conecta ainda ao segundo ponto, que diz respeito à objetificação, termo que também tem se popularizado bastante. **A objetificação, como o nome já sugere, é o que acontece quando a mulher é tratada como um objeto, uma coisa. Ou seja, quando ela é desumanizada, não é percebida como um ser humano dotado de pensamentos, sentimentos, desejos próprios, mas apenas como um pedaço de carne, um corpo a ser consumido pelo desejo masculino, vendido e comprado no mercado, e provavelmente enriquecendo algum bilionário. A mulher é reduzida a seus atributos físicos, considerados exclusivamente para consumo sexual.**

E isso está na propaganda, no direito que o marido acha que tem sobre o sexo da sua esposa, independentemente do desejo dela, no assédio de desconhecidos na rua, no trabalho, nas instituições de ensino etc., enfim, por todo lado. E isso precisa acabar.

O terceiro ponto para o qual gostaríamos de chamar a atenção, com base nos dados aterrorizantes de violência contra a mulher que mencionamos, é o modo como o prazer da vida sexual da mulher está atravessado de perigos. Esse é um dilema antigo para as feministas.

Na década de 1980, uma controvérsia surgiu a respeito do papel do sexo e do desejo na luta das mulheres por igualdade. O catalisador do embate, que ficou conhecido como "guerras do sexo", ou *sex wars*, era a pornografia, e se disputava se a melhor forma de lidar com ela seria a regulação ou a proibição. Naquele período, apareciam duas posições principais: as feministas antipornô e as feministas pró-sexo. Em linhas gerais, a posição antipornô criticava a pornografia por reforçar na ideologia e na prática a subordinação violenta da mulher, que tinha seu ápice na fantasia do estupro, que aparece em muitos filmes desse segmento. Nessa frente contra a pornografia estavam feministas radicais como Andrea Dworkin e Catherine MacKinnon. Uma frase famosa que circulou bastante como símbolo da posição antipornô é de Robin Morgan,[34] que afirmou que a "pornografia é a teoria e o estupro é a prática". Morgan, porém, era contra a censura, por não acreditar que ela protegeria as mulheres de fato.

A posição pró-sexo não defendia a pornografia em si, mas, assim como Robin, era contra a censura e o poder que ela poderia ter para controlar e castrar expressões da sexualidade livre. Elas advogavam a autonomia e a liberdade sexual da mulher para experienciar o prazer e o erotismo.

Do lado pró-sexo, Carole Vance e Gayle Rubin, entre outras feministas, propunham uma abertura da discussão da liberdade sexual feminina para além do que identificavam como moralismo desonesto antipornô.

Carole Vance organizou uma publicação chamada "Prazer e perigo: explorando a sexualidade feminina",[35]

---

[34] MORGAN, Robin. "Theory and Practice: Pornography and Rape" [1974]. *In*: LEDERER, Laura (org.). *Take Back the Night:* Women on Pornography. Nova York: William Morrow and Company, 1980. p. 134-147.
[35] VANCE, Carole. *Pleasure and Danger:* Exploring Female Sexuality. London and Boston: Routledge & Kegan Paul, 1984.

que abordava a ambivalência da experiência sexual das mulheres num mundo patriarcal. Mesmo compreendendo e criticando os problemas de certo tipo de pornografia, Vance e suas colegas não abriam mão da possibilidade de cultivar e desenvolver a subjetividade sexual da mulher. A questão sobre se o desejo aprisiona e submete a mulher ao seu algoz (o homem) ou se a liberta (para ser plena de si) é uma encruzilhada fundamental para pensar o sexo e o desejo.

Gayle Rubin, antropóloga que assumiu uma posição pró-sexo, avançou na crítica da repressão sexual de Foucault. Ela chama a atenção para o fato de que as sociedades ocidentais se formaram no ideal da negatividade sexual. Ou seja, nelas o sexo aparece como uma força poluidora, perigosa e destrutiva. Rubin desenvolveu uma reflexão sobre como a sociedade criou uma hierarquia sexual estabelecendo algumas exceções, ou desculpas, para legitimar o sexo, traçando uma linha separando o que seria sexo considerado aceitável e condenável. As exceções aceitáveis se concentravam no sexo limitado ao casamento, à reprodução e ao amor.[36]

Rubin chamou essa hierarquia de círculo mágico, que se contrapõe aos limites externos. Dentro do círculo, está um conjunto de práticas e tipos de pessoas bem limitado, classificado como a sexualidade "boa", "normal" e "natural", ou seja, a heterossexual, conjugal, monogâmica, reprodutiva e sem mediação por dinheiro.

Quem navega dentro desse círculo é recompensado, ou seja, considerado normal, saudável, respeitável, além de ter seus contratos afetivos reconhecidos por lei (tendo direito ao casamento, por exemplo).

[36] RUBIN, Gayle. *Políticas do sexo*. São Paulo: Ubu Editora, 2017.

Do lado de fora, está a maior parte das práticas e identidades sexuais: homossexualidade, transexualidade, fetichismo, BDSM (sigla que engloba Bondage, Disciplina, Dominação, Submissão, Sadismo e Masoquismo), sexo por dinheiro etc. Toda essa sexualidade é considerada má, anormal, antinatural.

Rubin já notava que algumas práticas estavam em transição, passando a ser mais bem aceitas, como o sexo fora do casamento. Mas, ainda assim, seguimos longe do que ela chama de uma "ética sexual pluralista" que acolha a variação sexual, que é o reflexo da diversidade dos gostos e expressões do desejo humano. A ideia arraigada pela moralidade sexual restritiva, e que precisa ser transformada, é a de que "existe uma melhor forma de fazer sexo, de modo que todos deveriam fazê-lo dessa forma". Ou seja, o que precisa mudar é a normatização da sexualidade.[37]

Outra defesa feminista da importância do erotismo aparece no ensaio primoroso "Usos do erótico: o erótico como poder", da poeta e pensadora feminista negra e lésbica Audre Lorde.[38] No texto, Lorde afirma o poder do erotismo como experiência que alarga nosso campo emocional e espiritual. Ao nos oferecer uma noção da profundidade do que podemos sentir, o erotismo nos ensina a aumentar nosso nível de entrega e exigência e, consequentemente, expande nossa autoestima e nosso senso de realização.

O argumento de Lorde mostra que o debate sobre o potencial de opressão ou emancipação do prazer pode

[37] *Ibidem*, p. 88.
[38] LORDE, Audre. Usos do erótico: o erótico como poder. *In*: *Irmã outsider*: ensaios e conferências. Belo Horizonte: Autêntica Editora, 2019.

ser mais sofisticado do que uma visão binária, já que ela mesma faz uma crítica à pornografia como oposta ao erotismo. Por enfatizar sensações sem sentimento, segundo ela, a pornografia nos roubaria a capacidade de mergulhar em nós mesmas e no outro, que seria o principal poder do erotismo.

Mesmo que haja uma percepção geral de que a visão "pró-sexo", ou seja, mais afinada ao elogio do prazer feminino, tenha vencido o debate e se consolidado no feminismo desde os anos 1980, a pornografia seguiu sendo um ponto de atenção e tensão no movimento.

Ela se tornou cada vez mais um fenômeno cultural importante para pensar a atualidade das relações entre mulheres, homens, pessoas com identidades de gênero e sexuais dissidentes, ou seja, fora da sexualidade hegemônica cis-heterossexual, e todas as formas de viver a sexualidade.

Vamos nos deter um pouco sobre o fenômeno da pornografia, já que pesquisas indicam fatos importantes:

- Os jovens veem pornô cada vez mais jovens, pela primeira vez com 12 anos de idade, e iniciam a vida sexual aos 18.[39] Isso quer dizer que, quando chegam a fazer sexo, de fato já têm uma vasta "experiência" em consumo de pornografia, o que molda várias de suas expectativas sobre o que é sexo.

---

[39] Pesquisa da FMUSP mostra hábitos sexuais no país; saiba mais. *Instituto de Psiquiatria do Hospital das Clínicas da Faculdade de Medicina da Universidade de São Paulo*, São Paulo, 23 dez. 2022. Disponível em: https://ipqhc.org.br/2022/12/23/pesquisa-da-fmusp-mostra-habitos-sexuais-no-pais-saiba-mais/. Acesso em: 23 ago. 2024.

- Embora exista um debate nos saberes psi (da psicologia, da psiquiatria e da psicanálise) se vício em pornografia pode ou não ser um diagnóstico, ou se essa é uma categoria que moraliza (negativamente) o sexo, é cada vez maior o número de homens que afirmam ter alguma relação de adição com ela e que sentem que seu consumo impacta negativamente suas vidas.[40]
- A pornografia hoje é uma das maiores indústrias globais, movimentando ao menos 6 bilhões de dólares por ano. Na verdade, as estimativas variam muito para cima, mas, como boa parte dos lucros envolve transações não declaráveis em diversos países, é difícil rastrear os números precisos.[41]

Nos anos 1980, o debate esquentou, mas a realidade era outra: se consumia pornografia em alguns cinemas e bancas de livros e revistas clandestinas ou em corredores reservados de videolocadoras. Era possível até falar em proibição e censura. Hoje em dia, com a internet, isso é impensável.

O pornô está por todo lado e exerce um poder muito grande sobre a formação sexual e erótica de crianças, adolescentes e jovens.

[40] ROTH, Clare. É possível ser viciado em pornografia? [s. l.], *DW*, 14 fev. 2023. Disponível em: https://www.dw.com/pt-br/%C3%A9-poss%C3%ADvel-ser-viciado-em-pornografia/a-64703343. Acesso em: 23 ago. 2024.

[41] ROSS, Benes. Porn could have a bigger economic influence on the US than Netflix. [s. l.], *Yahoo!*, 21 jun. 2018. Disponível em: https://finance.yahoo.com/news/porn-could-bigger-economic-influence-121524565.html. Acesso em: 23 ago. 2024.

Sobre esse tema, a filósofa feminista nascida no Bahrein, Amia Srinivasan,[42] traz contribuições relevantes. No plano da disputa jurídica, ela analisa que o que era uma luta por proibição, da parte de algumas feministas nos anos 1980, hoje se transformou em uma batalha por regulação de atos sexuais considerados excessivos e violentos, como o sadomasoquismo e os jogos de dominação.

Por trás de uma aparente positividade, a autora destaca alguns efeitos negativos dessa regulação.

Em primeiro lugar, ela promoveu a censura de expressões eróticas *queer* e de sexualidades dissidentes. Para uma comunidade já perseguida por sua existência, a proibição de certas práticas sexuais adicionou mais uma camada de marginalização.

A regulação ainda teve o efeito de dificultar a vida das mulheres que mais dependem financeiramente da indústria. Ou seja, as atrizes, que trabalham por pouco tempo, enquanto ainda são consideradas jovens, não ganham bem como ganhavam quando a indústria começou e ficam estigmatizadas profissionalmente por muitos anos, e talvez por toda a vida.

Mas um dos pontos mais impactantes foi que a regulação deixou intocadas as práticas da pornografia mais populares, que são as mais consumidas por serem disponíveis gratuitamente nas grandes plataformas on-line. Para Srinivasan, esse pornô é o verdadeiro vencedor da guerra.

São essas as práticas sexuais, as da pornografia *mainstream*, mais padrão, as consumidas por jovens

---

[42] SRINIVASAN, Amia. *O direito ao sexo:* feminismo no século vinte e um. São Paulo: Todavia, 2021.

cada vez mais cedo, com uma frequência bastante alta, e que, alunos e alunas de Srinivasan na universidade afirmam já ter produzido um estrago significativo em suas configurações de desejo, talvez de uma maneira irreversível.

Por estar por todo lado, a pornografia adquiriu um espaço muito grande – quase absoluto – na imaginação erótica contemporânea. Nas novas gerações, a iniciação sexual costuma acontecer através do pornô.

E o contexto mais amplo de educação sexual ruim, que é focada apenas em prevenção de doenças ou em abstinência, ou simplesmente inexistente, contribui imensamente para que a pornografia se torne uma espécie de pedagogia do sexo na contemporaneidade. Na dúvida sobre alguma prática sexual, jovens "perguntam" ao Pornhub, ou a algum outro portal de pornô.

Mas Srinivasan lembra: o pornô não informa, e muito menos educa: ele treina, adestra e produz efeitos significativos na psique com poderosas associações entre estímulos e respostas. O ego masculino no centro da narrativa – que é a perspectiva do ator com seu pênis penetrante – não deixa muito espaço para a exploração da imaginação do prazer individual e livre, como certos discursos favoráveis ao pornô pregam.

Talvez esse possa ser o caso de produções *queer* e feministas que crescem no mercado, trazendo roteiros e corpos mais variados e menos cis-heteronormativos. Embora tenham um espírito de resistência e sejam um libelo da liberdade sexual, essas produções ainda são uma gota de pornografia paga no oceano de pornografia cis-heteronormativa violenta e gratuita.

O ideal da pornografia como canal de resistência das diferentes sexualidades, na prática, não é real. O que acontece como efeito da maior parte do pornô é o reforço de padrões hegemônicos de corpos e desejos cis-heteronormativos, de tendências de práticas, de conformidade do desejo. Todo mundo vai desejando as mesmas pessoas, os mesmos corpos e as mesmas coisas na cama.

A loira, magra, com prótese de silicone sendo penetrada com força por um sujeito que nem aparece, somente seu pênis, é xingada e termina com sêmen no rosto – esse poderia ser descrito como o roteiro clássico de um filme pornô.

Consciente de que não existe "proibição" do pornô possível a essa altura, a autora defende que "discurso ruim" se combate com um "discurso melhor". Mas como garantir isso? Estímulo às produções independentes e que mostrem visões sexualmente diversas, inclusivas e positivas do sexo? Financiamento do Estado para educação sexual de qualidade? Que tipo de aula de educação sexual seria capaz de disputar espaço na imaginação erótica de alunas e alunos com a pornografia?

São muitas as perguntas, e pouca disponibilidade pública para enfrentar temas tão cercados de tabus quanto a pornografia e a educação sexual.

Nesse caminho, é preciso identificar os limites do que de fato a pornografia é capaz de fazer; entender até que ponto o poder do pornô pode ser subvertido e, sobretudo, que "não confundamos as necessidades de negociação sob opressão com os sinais de emancipação".[43] Colocar expectativas revolucionárias de transformação da realidade na pornografia é uma aposta muito arriscada.

[43] *Ibidem*, p. 97.

O pornô apresenta um paradoxo para a imaginação: por um lado, abre algumas possibilidades de conteúdo, mas, por outro, deixa a imaginação viciada, fraca e preguiçosa. Como defendia Andrea Dworkin, feminista antipornô, de forma persuasiva: "A pessoa imaginativa é empurrada para um mundo de possibilidades e riscos, um mundo distinto com significado e escolha; não [como no caso do pornô] para um ferro-velho quase vazio de símbolos manipulados para evocar respostas mecânicas".[44]

Esse paradoxo se relaciona com a autoridade que aqueles e aquelas que iniciaram a vida sexual com o pornô atribuem a ele para dizer o que é e o que não é sexo. Dessa forma, é preciso ampliar o escopo de fontes de imaginação erótica, para que o sexo ultrapasse os limites nos quais está contido atualmente – produzindo violência e frustração – para se tornar mais igualitário, prazeroso e livre.

A pornografia, enfim, atualiza e cria reforço ideológico para a violência sexual contra a mulher. Ela treina e adestra a imaginação sexual, limitando sua capacidade de criar roteiros sexuais diversos, desejar parceiros diversos, com corpos diversos. Ela se tornou educação sexual para jovens que formam seus gostos sexuais e avaliam o que é ou não sexo com base no que veem no pornô. Eles tomam o pornô não como uma ficção sobre o sexo, mas como a realidade do sexo. E o que veem no pornô mais popular e difundido é um sexo cis-heteronormativo, centrado na penetração masculina, com roteiro erótico muito reduzido.

Amarrando a discussão, podemos observar como o sexo e sua relação com a idealização do papel maternal

[44] *Ibidem*, p. 102.

da mulher, sua objetificação e a violência com a qual é tratada formaram a base de uma forte ansiedade e frustração sexual.

> **VIVER O PRAZER EMARANHADO NO PERIGO NÃO É UMA TAREFA FÁCIL.**

A pornografia, como fenômeno cultural controverso, traz o peso do mercado e intensifica a "coisificação" dos corpos. Ela cristaliza papéis de gênero e adestra desejos. Com isso, ela traz um gancho interessante para pensar como a conformidade do desejo e a definição estrita dos papéis de gênero aprisionam tanto as mulheres quanto os homens.

Agora é hora de aprofundar como essa definição também limita e reduz o desejo e o prazer masculinos, assim como a capacidade dos homens de se abrir para desenvolver os laços de afeto íntimos e duradouros que a gente chama de amor.

CAPÍTULO 3:
DESEJO E AMOR

No capítulo anterior, a gente falou sobre como a liberdade sexual é uma experiência ambígua para as mulheres diante das expectativas sociais contraditórias de repressão e de estímulo ao sexo. Falamos sobre como a idealização da maternidade e do casamento pode impactar negativamente no prazer feminino. Discutimos a construção social da mulher como propriedade masculina e a sua objetificação. Também tratamos como a violência e o perigo atravessam a experiência da sexualidade feminina com impactos nocivos. Finalmente, falamos sobre como a pornografia se tornou um dos grandes "mediadores" da experiência e da imaginação sexual na atualidade e das suas consequências para o desejo de pessoas adultas e em formação.

Vamos agora examinar outras dimensões do nosso afeto que são impactadas pelo machismo. Neste capítulo, abordaremos o ideal de masculinidade e a redução do prazer masculino à performance da ereção, a angústia e os bloqueios emocionais da virilidade hegemônica, os aplicativos de relacionamento e a hierarquia do status social, a quantificação do sexo, o consentimento, a indeterminação e a fluidez do desejo, a idealização do amor romântico, a masculinidade entre o medo e o desejo do amor, as possibilidades de emancipação do desejo e do amor e a urgência em recuperar o tempo roubado do capitalismo para se dedicar ao trabalho de amar.

O debate sobre a pornografia que tivemos no capítulo anterior mostrou que, além de adestrar o desejo, ela cristaliza os papéis sexuais. Ou seja, hoje em dia a versão mais popular do pornô, que é o sexo cis-heteronormativo, centrado na penetração masculina, com roteiro muito restrito, é um espelho do sexo hegemônico, o mais comum na imaginação coletiva.

O QUE A GENTE VÊ NESSE ESPELHO?

Homens e mulheres com papéis muito marcados e opostos: as mulheres são os objetos penetrados e os homens, os sujeitos penetradores.

Mas dá para dizer que os homens, na pornografia, seriam sujeitos mesmo?

Srinivasan chama a atenção para o fato de que, na maior parte do pornô mais popular, os atores não aparecem, são apenas pedaços específicos dos seus corpos que são capturados na tela. No pornô, os homens são reduzidos a seus pênis.[45]

Essa redução é uma perda significativa para a sexualidade dos homens também. Afinal, eles ficam limitados à necessidade de performar pela ereção e com pouca margem para a exploração de outras zonas e possibilidades eróticas.

O peso e a centralidade do pênis ereto na construção da masculinidade compreendem uma série de repressões, contenções e bloqueios que os homens precisam fazer em si mesmos, nas suas emoções e expressões

---

[45] SRINIVASAN, Amia. *O direito ao sexo:* feminismo no século vinte e um. São Paulo: Todavia, 2021.

afetivas para corresponderem ao ideal de masculinidade vigente. Entre eles, está a angústia com o tamanho do próprio pênis. Ela se combina com outras, como o medo da própria sensibilidade, delicadeza e vulnerabilidade e a necessidade de "saber fazer as mulheres gozarem sem que elas mesmas saibam ou queiram lhes indicar como".[46]

Muitas vezes, para os homens, não está claro o que se perde nessa dinâmica repressora. Pensemos, por exemplo, na relação entre o símbolo máximo da virilidade e seu oposto, ou seja, entre o pau duro e o pau mole. É difícil imaginar um homem capaz de associar positivamente afetividade, sexo ou desejo ao pau mole. Ele é considerado o antagonista do grande herói das narrativas eróticas masculinas, o pau duro. Mas existem outras maneiras de contar essa história.

A poeta Maria Rezende enalteceu a condição relaxada do pênis em um poema sem título no qual declara: "Adoro pau mole".[47] Em seus versos, celebra a vulnerabilidade e intimidade características do contato com um pênis relaxado. Ele marca os diferentes atos do enredo sexual; é um ícone, ao mesmo tempo, do sexo que aconteceu e daquele que virá. Sua aparência introspectiva e pretensamente frágil encarna a potência de todo o prazer e alegria que proporcionará. "É dentro dele", Maria Rezende conclui, "em toda a sua moleza sacudinte de massa de modelar, que mora o pau duro e firme com que meu homem me come".

[46] DESPENTES, Virginie. *Teoria King Kong*. Trad. de Márcia Bechara. São Paulo: N-1 Edições, 2016.
[47] REZENDE, Maria. *Substantivo feminino*. Rio de Janeiro: Ibis Libris Editora, 2012.

Nesse momento, propomos algumas reflexões: *Homem é menos homem quando está de pau mole? Quando você, homem, se permite expor sua suposta "vulnerabilidade" e deixa que vejam seu pênis não ereto? O que a masculinidade está perdendo com toda essa repressão, e o que ela poderia ganhar se se libertasse do ideal de virilidade hegemônico?*

Há inúmeras possibilidades de construção de intimidade e conexão, entre homens e mulheres, a partir da vulnerabilidade. Possibilidades que estão bloqueadas para os homens no regime do patriarcado heterossexual, que entende a vulnerabilidade como impotência e fraqueza, e algo a ser evitado a qualquer custo, inclusive pela violência.

Se as coisas não estão nada fáceis para as mulheres, também estão longe de serem um mar de rosas para os homens.

Ainda que de maneiras e com efeitos muito diferentes, a angústia sexual acomete ambos os sexos. O paradoxo está no fato de que, mesmo assim – ou talvez por isso? –, nunca falamos tanto a respeito, consumimos tanto e fizemos tão pouco sexo, como indicam várias pesquisas em diferentes países.[48]

A sexualidade e o prazer têm sido escalados pelo pensamento progressista como "substitutos da emancipação e da liberação".[49] Porém, não é surpresa que, na

---

[48] WILLINGHAM, Emily. People Have Been Having Less Sex—whether They're Teenagers or 40-Somethings. [*S. l.*], *Scientific America*, 3 jan. 2022. Disponível em: https://www.scientificamerican.com/article/people-have-been-having-less-sex-whether-theyre-teenagers-or--40-somethings/. Acesso em: 23 ago. 2024.

[49] ANGEL, Katherine. *Amanhã o sexo será bom novamente*: mulheres e desejo na era do consentimento. Rio de Janeiro: Bazar do Tempo, 2023. p. 18.

contemporaneidade, o foco dessa liberação seja menos sobre a exploração da variedade das possibilidades do prazer erótico[50] e mais sobre a quantidade de parceiros e de vezes que transamos. Ou, até, sobre a quantidade de orgasmos que somos capazes de atingir, o que, para muitas mulheres, pode significar uma pressão a mais. Ou seja, a quantidade de sexo seria a régua para medir o nível de emancipação e liberação dos sujeitos modernos.

Entramos no domínio da quantificação da vida, que é um fenômeno característico das sociedades neoliberais, do qual o sexo não conseguiu escapar. Aplicativos de relacionamento são um exemplo expressivo disso.

O ambiente dos aplicativos de encontros cria a ilusão de tornar visível o mercado de parceiros potenciais disponíveis na internet, como analisou a socióloga marroquina Eva Illouz.[51] Parece que todos aqueles perfis são pessoas que você "poderia pegar". As pessoas, então, acham que sempre haverá alguém melhor (com mais valor, mais capital erótico) do que as pessoas que conseguiram acessar. Daí, investem interesse em alguém "acima" das suas condições, já que o capitalismo nos estimula a "querer sempre mais".

Quando alguém se interessa por nós, suspeitamos de que a pessoa interessada esteja fazendo o mesmo cálculo, procurando uma vantagem, e esteja acessando alguém acima das suas condições. Com isso, o jogo se torna uma avaliação de status, em que a barganha é inflacionar o próprio valor e pechinchar o do outro.

[50] RUBIN, Gayle. *Políticas do sexo*. São Paulo: Ubu Editora, 2017.
[51] ILLOUZ, Eva. *O amor nos tempos do capitalismo*. Zahar: Rio de Janeiro, 2011.

É cada vez mais significativo o número de pessoas que começa relacionamentos por meio de aplicativos de namoro. Mas a maior parte das interações foca nas relações sexuais ou não avança a partir delas.

O liberalismo e a onda de "positividade do sexo", ou seja, a valorização do sexo como dimensão importante da vida das mulheres, como vimos no Capítulo 2, convergem, mesmo que de maneira não intencional, para a formação dos nossos desejos.[52] Ou seja, sexo é positivo, dizem os pensadores, e repetem os publicitários, já que sexo vende.

É o que diria uma propaganda quase sincera de aplicativos de encontros:

> **Sexo é bom, faça mais sexo. Veja só, nós temos um aplicativo que pode te ajudar a encontrar parceiras. Ele é gratuito (embora cheio de publicidade), mas candidatas ainda mais exclusivas aparecerão se você pagar a mensalidade que está em promoção.**

---

[52] SRINIVASAN, Amia. *op. cit.*

Além da dinâmica do mercado, os aplicativos de encontro colocam em relevo outra característica do imaginário erótico contemporâneo: a formação de uma hierarquia de capital sexual.

Para compreender como o status sexual é distribuído, a filósofa Amia Srinivasan faz uma distinção entre o que chama de "fodabilidade" (*fuckability*) e a qualidade de ser "fodível" (*fuckable*). Enquanto fazer sexo com quem detém fodabilidade dá status dentro da hierarquia sexual (as mulheres cis, jovens, loiras, magras, altas, sem deficiência etc.), mulheres negras e trans são altamente fodíveis, por serem consideradas mais "acessíveis", não conferem prestígio.

Não é difícil ver isso na dinâmica dos aplicativos de encontros. Pessoas que ocupam o topo da hierarquia sexual têm mais ofertas, ou seja, mais combinações ou "matches",[53] do que as que estão na base, que podem, inclusive, ficar sem sexo ou afeto. Essas pessoas que estão na base terão poucos ou nenhum match. Ou se tornarão uma transa casual e clandestina, sem chances de se tornar uma relação amorosa.

Srinivasan menciona que pesquisas feitas nos Estados Unidos e na Inglaterra mostram que a dinâmica nos aplicativos, nesses dois países, tende a hipersexualizar as mulheres negras e condenar as mulheres negras retintas à solidão, por serem ignoradas.

Mais uma vez, vem à tona o tema da solidão da mulher negra que há alguns anos ganha corpo no Brasil, da

---

[53] *Match* é o termo, em inglês, para descrever o momento quando duas pessoas curtem (dão corações, aprovam etc.) o perfil uma da outra em um aplicativo de relacionamentos. Essa apreciação recíproca permite a elas que iniciem uma conversa e, eventualmente, que planejem um encontro.

mesma forma que cresce a discussão sobre como homens erotizam mulheres gordas sem intenção de compromisso romântico e deserotizam e infantilizam mulheres com deficiência e idosas. Essas mulheres ocupam um baixo status na hierarquia sexual e, mesmo que sejam consideradas para o sexo, tendem a ser descartadas para um relacionamento amoroso.

A classificação misógina entre tipos de mulheres, as "mulheres para transar" e as "mulheres para casar", que tanto ouvimos ao longo da vida, corresponde à tradução, com a linguagem do senso comum, dessa hierarquia do status sexual. E pode e deve ser examinada nas suas especificidades de raça e de outras características corporais e sociais.

Srinivasan afirma que a atração sexual não se reduz à política, mas que não dá para negar que a política atravessa nossos desejos quando classificamos corpos desejáveis, ou que dão status, e corpos indesejáveis, que não dão ou até tiram status.

Se, por um lado, as preferências sexuais precisam ser integralmente respeitadas em sua especificidade, por outro, é um fato que, no patriarcado, elas raramente são preferências "apenas pessoais".

É preciso, portanto, recuperar o feminismo revolucionário da segunda onda e repolitizar o desejo. Não se trata de "meter a política" também na nossa cama e exigir um "desejo politicamente correto". É, sim, ver e reconhecer que a política já parasita nosso desejo, como nessa classificação de pessoas em uma hierarquia sexual de mais ou menos desejáveis.

Mas é preciso reconhecer que a tarefa de politizar o desejo traz perigos.

Entre eles, está o risco de moralização do sexo, a sujeição das nossas preferências sexuais ou até mesmo acabar reforçando o *entitlement* sexual masculino, ou seja, a ideia difundida pelo patriarcado de que homens têm algum direito sobre o sexo das mulheres, ideia essa que está na base de muitos grupos de homens chamados "masculinistas", da manosfera, os *incels* (abreviação de celibatários involuntários), que espalham misoginia e chegam a cometer crimes de ódio contra mulheres.

Mas deixar de politizar o desejo é também ignorar as injustiças e exclusões vividas pelas mulheres. Por isso, é preciso encarar que, sim, ninguém é obrigado a desejar ninguém e ninguém tem o direito de exigir ser desejado, mas, ao mesmo tempo, o desejo é uma questão política que, em geral, está arraigada na dominação e na exclusão.

A ideia é que a gente se coloque disponível para experimentar novas percepções, se abrir para transformar a repulsa em admiração, como no caso dos corpos que a televisão, a moda, a publicidade, os amigos nos dizem que não são desejáveis.

Não temos nada a perder e tudo a ganhar, pois, compreendendo como o desejo sexual é moldado pela opressão, podemos parar, refletir e criar rotas de fuga. Podemos nos abrir para a possibilidade de que finalmente o desejo possa, como disse Srinivasan, "ir contra o que a política escolheu para cada um de nós e escolher por si mesmo".[54]

Um entrave para essa politização, para pensar as formações políticas do desejo, está no modo como o discurso da positividade sexual, aliado ao feminismo que não estigmatiza os desejos sexuais das mulheres, elegeu o consentimento como única regra para moderar moralmente o erotismo e o sexo. Para a escritora britânica Katherine Angel, especialista em sexualidade e psicanálise:

[54] *Ibidem.*

> *O consentimento e sua presunção de clareza absoluta colocam o fardo da boa interação sexual no comportamento das mulheres – no que elas querem e no que elas são capazes de saber e de dizer acerca de suas vontades; na habilidade de incorporar uma persona sexualmente confiante a fim de garantir que o sexo não seja coercitivo, mas sim mutuamente prazeroso. E isso é bem perigoso.*[55]

O fato de as mulheres pagarem um preço muito mais alto pelo sexo do que os homens – com o risco de gravidez, o estigma de vadia, o medo do estupro etc. – faz com que elas se engajem na atividade sexual com uma grande preocupação com os sentimentos dos homens, caso contrário estarão à mercê da violência.

Assim, muitas vezes, se tornam prisioneiras de um primeiro "sim" ou de um "talvez" que dá início a uma dinâmica sexual, que, depois, caso mudem de ideia, não se sentem seguras para interromper.

O que temos é um cenário em que muitas vezes o ato sexual acontece sem desejo da parte da mulher. Nesses casos, o consentimento não basta: ele não resolve o problema do sim por medo de dizer não.

Essa diferença no modo como mulheres e homens entram numa relação erótica produz uma distribuição desigual do prazer. Pesquisas identificam uma grande diferença entre a satisfação sexual de homens e mulheres, com dados apontando para dificuldades, dores e ansiedades sexuais femininas muito acima das que afligem os homens. Entre 50% e 70% das mulheres relatam atingir o orgasmo durante uma relação sexual,

---

[55] ANGEL, *op. cit*, p. 19.

enquanto 90% dos homens desfrutam desse prazer; 30% das mulheres sentem dor durante o sexo vaginal e 72% durante o anal. Uma grande parte afirma pouca satisfação na relação sexual mais recente e ao longo da vida. Diante disso tudo, elas desenvolvem expectativas eróticas muito baixas. Para muitas, "sexo bom" é sinônimo de "sexo sem dor", enquanto para os homens é "atingir o orgasmo".[56]

Estamos mesmo bem longe do reino do autoconhecimento e da profundidade do sentir que o erotismo proporciona.

E essa reflexão se complementa com pesquisas que indicam que mulheres heterossexuais atingem orgasmos sozinhas com mais frequência do que com seus parceiros homens, assim como mulheres lésbicas e bissexuais alcançam mais orgasmos em relações entre mulheres do que mulheres heterossexuais com seus parceiros.[57]

O ponto é que o prazer no sexo não está garantido apenas com o consentimento. Não devemos abrir mão do consentimento, mas não podemos confundi-lo com desejo sexual, prazer ou entusiasmo. Katherine Angel aprofunda o "problema do consentimento" ao recuperar o extenso debate sobre a fluidez do desejo realizado pelos saberes psi. A partir desse conjunto de teorias e reflexões, a questão que fica é:

---

[56] *Ibidem.*

[57] LÉSBICAS são mais eficazes que homens em fazer mulheres ter orgasmo, aponta estudo. *O Globo*, Rio de Janeiro, 6 mar. 2019. Disponível em: https://oglobo.globo.com/brasil/lesbicas-sao-mais-eficazes-que-homens-em-fazer-mulheres-ter-orgasmo-aponta-estudo-23502407. Acesso em: 23 ago. 2024.

| COMO É POSSÍVEL CONHECER NOSSO DESEJO POR COMPLETO, A FIM DE DIZER UM SIM OU UM NÃO DEFINITIVO, SE O DESEJO EM SI É INCERTO, ABERTO E MUTÁVEL?

A conclusão é a de que um dos principais poderes do erótico reside justamente aí, na sua indeterminação, no quanto podemos nos conhecer no processo de desfrutar dele.

Para viver o prazer da transformação que o erotismo pode proporcionar, é necessário assumir a vulnerabilidade universal que funda a todas e todos nós enquanto seres humanos.

O sexo acontece numa zona em que aflora a precariedade humana. O sexo brinca com o poder e com a renúncia, com o desejo e a incerteza. O prazer sexual estilhaça a dominação e a fronteira entre o eu e o outro. Para seguir o fluxo livre do desejo, a mulher precisa crer que o outro vai renunciar à liberdade de abusar. Ela precisa pensar: *Estou tão exposta e vulnerável que ele pode me machucar, e até me matar, mas ele não vai fazer isso.*

Não adianta o homem achar que a sua tarefa é forçar ou arrancar um sim quando ele se deparou com um não, ou um talvez, ou uma hesitação.

| O CONSENTIMENTO É INÚTIL SE O HOMEM NÃO ESTIVER ABERTO A OUVIR UM NÃO.

Homens precisam aprender a respeitar a mutabilidade do desejo, ou seja, aprender a lidar com um não sem agressividade, em qualquer momento da relação sexual, mesmo que ele apareça depois de um ou muitos sins.

Olhando para o "outro lado", podemos investigar um pouco das características do desejo masculino. Ele tem especificidades que precisam ser compreendidas para transformar a dinâmica entre homens e mulheres. A eles é negado o direito de não querer sexo. Mesmo que estejam doentes, tristes, cansados ou apenas desinteressados na parceira em potencial. O desejo masculino não é apenas encorajado, mas *exigido* do homem. Deles se espera que estejam sempre "a postos", que performem como máquinas incansáveis. Toda essa pressão apenas pavimenta o caminho para o fracasso emocional masculino. Tal horizonte inalcançável gera frustração, insegurança, vergonha. Sentimentos que, como nos lembra Angel, "precedem a violência masculina". "Os homens, afinal de contas, odeiam as mulheres para que não precisem odiar a si mesmos."[58]

A perversão do poder masculino, nesse contexto erótico distorcido, faz com que alguns homens experimentem satisfação e triunfo por sentirem que "fizeram mal" à mulher, por terem transado com ela.

A hostilidade dos homens com relação às mulheres, no sexo, também pode ser resultado da negação da própria vulnerabilidade, já que o desejo abre o que Angel chama de uma "cratera na fachada da dominação". Os homens até anseiam pela conexão, pela fusão, pela intimidade. Mas, ao negar a vulnerabilidade, são alienados do prazer.

Diferentemente do que o patriarcado quer nos fazer crer, os homens também são vulneráveis no sexo. O prazer e o desejo masculinos não são um enigma visual, como no caso das mulheres. Eles se manifestam de

[58] ANGEL, *op. cit.*, p. 81.

modo evidente, segundo critérios masculinos, seja por sua presença, seja por sua ausência. Para eles, o fracasso sexual se torna terrivelmente manifesto na falta da ereção e da ejaculação. Assim, é fácil ferir os homens no sexo, já que estão sempre muito expostos.[59]

Conhecer e debater a vulnerabilidade masculina não é uma estratégia para atacar os homens em suas fraquezas. Essa visão reforça a distância entre mulheres e homens. O prazer sexual feminino envolvendo homens é um prazer que precisa ser afinado entre os dois, é uma experiência que precisa ser boa para ambos.

Por isso que o consentimento, ainda que seja fundamental, é pouco. Ele é o mínimo. O consentimento pode prevenir o abuso, o que, a julgar pelos dados da violência contra a mulher, já é bastante coisa – mas está longe de garantir o prazer e o entusiasmo.

É preciso se colocar diante do outro, no sexo, com excitação e curiosidade, distribuindo o fardo da ética sexual do consentimento para a conversa, a investigação mútua, a incerteza, como exalta Angel. É preciso estimular homens e mulheres a se tornarem parceiros na exploração da zona cinzenta que habita entre o sim e o não do sexo.

Mas e o amor? Como não poderia ser diferente, assim como o desejo e a sexualidade, o amor é uma dimensão da vida atravessada por machismo.

Ao mesmo tempo em que muito se fala sobre o amor, o discurso é frequentemente moldado nos ideais do amor romântico, que é um dos tipos possíveis de amor, mas não é o único ou o "natural". Ou seja, ele tem uma história que remonta ao fim do século XVIII e início do

[59] *Ibidem*, p. 124.

XIX e que, mesmo após a Revolução Sexual, com adaptações significativas, segue influenciando a forma como imaginamos esse sentimento que amalgama relações afetivo-sexuais.

O amor romântico tem várias características. Entre as mais marcantes, estão a idealização do encontro amoroso e do parceiro ou da parceira. O encontro idealizado é o que tem atração instantânea, ou "amor à primeira vista", e o parceiro é a "alma gêmea".

Todas as experiências vividas são convertidas em capítulos que levariam à maior e mais significativa história da vida. E as outras relações são consideradas hierarquicamente inferiores em importância, intensidade e entrega. Os parceiros, no caso ideal do patriarcado, um homem e uma mulher, se veem como almas que vagavam pelo mundo incompletas até terem encontrado suas "metades da laranja".

Mas de onde vem esse ideal da "cara metade"? Ele nasce de um mito grego anterior à cristandade, conforme nos conta a psicanalista Ana Suy:

> *A fantasia popular sobre o amor encontra inspiração na fábula de Aristófanes, narrada por Platão em seu livro "O banquete". Nela, conta-se que antigamente éramos seres duplicados: tínhamos quatro pernas, quatro braços, duas cabeças e dois sexos. Havia os seres que tinham dois sexos femininos, os que tinham dois sexos masculinos e os que tinham um sexo feminino e um sexo masculino. Assim, éramos seres muito fortes. Preocupado com a possibilidade de que tirássemos o lugar dos deuses, a fim de nos enfraquecer e garantir a soberania deles, Zeus teria nos cortado pela metade,*

costurando cada parte na região do umbigo e voltando nossa cabeça para ele, de forma que sempre nos lembrássemos do resultado da vaidade. Para além disso, teria nos espalhado pelo planeta, afastando as metades. Desde então, cada um de nós viveria se sentindo com falta de algo, supostamente a outra metade de si mesmo.[60]

Embora a falta convertida em desejo seja uma experiência humana, fundadora da psicanálise, a mística do amor romântico com o filtro do patriarcado faz com que homens e mulheres tenham expectativas e papéis diferentes a desempenhar nesse enredo.

A escritora bell hooks, teórica e ativista feminista negra estadunidense, em seu livro *Tudo sobre o amor*, comenta que fez parte de uma geração que cresceu pensando que o casamento e as relações românticas deveriam ter prioridade sobre todos os outros relacionamentos.[61]

As mulheres eram hiperestimuladas a pensar no amor e a se preparar para ele enquanto eram reprimidas sexualmente. Os homens eram hiperestimulados ao prazer sexual enquanto achavam que amor era "coisa de mulher". Relacionamento, para eles, era simplesmente encontrar alguém que cuidasse de todas as suas necessidades (assumindo o papel que já foi de sua mãe).

O amor romântico, somado à cultura patriarcal, faz com que o amor seja visto ao mesmo tempo como algo mágico e um privilégio concedido aos homens. Por um

---

[60] SUY, Ana. *A gente mira no amor e acerta na solidão*. São Paulo: Paidós, 2022. p. 31.
[61] HOOKS, bell. *Tudo sobre o amor*: novas perspectivas. São Paulo: Editora Elefante, 2021.

lado, o amor é algo que "acontece", um mistério insondável, o que invisibiliza o trabalho das mulheres de tentar fazer os relacionamentos funcionarem. Por outro, o amor é algo que os homens deveriam receber sem esforço, já que se dedicar a isso seria "amolecer", ao se aproximar de "atributos femininos".

Essa situação criou um desequilíbrio ressentido entre homens e mulheres, além de medo de ambos os lados. Grande parte da angústia dessas relações vêm do fato de que o pensamento patriarcal delega às mulheres o trabalho do amor ao mesmo tempo que o sabota, ao encorajar os homens a recusarem as orientações das mulheres. Como resultado, no amor, assim como na vida, estabelece-se um desequilíbrio. Enquanto os homens têm mais chances de ter suas necessidades emocionais atendidas por suas parceiras, as mulheres são negligenciadas por seus parceiros.

Nesse arranjo, a maior satisfação emocional masculina se converte em maior bem-estar psicológico. Tal vantagem acaba coincidindo com a afirmação patriarcal da superioridade masculina, reforçando sua suposta aptidão inata para liderar a sociedade. "Caso as necessidades emocionais das mulheres fossem atendidas, se a reciprocidade fosse a norma, a dominação masculina perderia seu encanto", afirma hooks.[62]

A forma como os homens lidam com o amor é enraizada na própria formação da masculinidade. John Stoltenberg, autor americano, ativista contra a violência de gênero e filósofo estudioso da articulação entre gênero e ética, analisa, no livro *The End of Manhood*, o modo como a identidade masculina ideal oferecida aos homens na

[62] *Ibidem*, p. 193.

cultura patriarcal está baseada em um eu falso.[63] Quando crianças, os meninos passam por diversas situações que os distanciam gradativamente das suas emoções. Eles são ensinados a serem duros e a não chorar, a não expressar suas dores, mágoas e solidão. Mesmo quando crescem em famílias amorosas e empáticas, e são estimulados a expressar sentimentos, aprendem na televisão, na rua, na escola, no parquinho uma mensagem oposta, e, muitas vezes, em busca de aceitação dos outros meninos e homens mais velhos, passam a se fechar e mascarar sua sensibilidade. Como consequência, podem explodir em violência diante da vulnerabilidade e da vergonha ou aprender a nunca sentir nada.[64]

Esses meninos se tornam homens que terão muita dificuldade para desenvolver uma subjetividade livre, construir conexões emocionais profundas e se entregar com integridade à experiência erótica e ao amor.

O bloqueio emocional e o medo de se permitir ser vulnerável criam entraves para a fruição do prazer e, é claro, para a experiência do amor.

A mentira e, muitas vezes, a violência se tornam uma reação masculina ao desamor. Longe de justificar tais comportamentos, o objetivo aqui é lançar luz sobre os contextos que criam as condições para a inabilidade e muitas vezes a repulsa masculina agressiva com relação ao amor.

Nesse combo de amor romântico e patriarcado, muitas mulheres aprenderam que, enquanto guardiãs do

---

[63] STOLTENBERG, 1997, *apud* HOOKS, 2021.

[64] Para um debate profundo sobre os efeitos da educação emocional repressora e sexista a que os meninos e rapazes são submetidos no patriarcado, recheada de depoimentos e histórias de vida emocionantes, cf. *The Mask You Live In*, documentário de 2015, dirigido por Jennifer Siebel Newsom.

amor e das relações românticas, devem ser compreensivas e suportar tudo. Muitas tradições religiosas pregam isso abertamente: a submissão da esposa ao marido sem questionar. Esse discurso dá suporte à dominação masculina e aos abusos de poder. Para o psicanalista suíço Carl Jung, onde o desejo de poder é primordial, o amor estará ausente. Considerando que a dominação é o primeiro passo para o abuso, e onde há abuso não há amor, hooks complementa Jung ao afirmar que "os homens só podem voltar ao amor repudiando o desejo de dominar".[65]

Então, seria possível pensar uma definição do amor que transcendesse as garras do amor romântico e do patriarcado? Mais uma vez, contamos com bell hooks. Para ela, o verdadeiro amor é fundamentado em reconhecimento e aceitação. Amor combina com cuidado, responsabilidade, comprometimento e conhecimento. Ela toma emprestada uma elaboração do psiquiatra americano M. Scott Peck, segundo a qual o amor seria "a vontade de se empenhar ao máximo para promover o próprio crescimento espiritual ou o de outra pessoa".[66]

> NESSE MOMENTO, É BOM SE PERGUNTAR: É ASSIM QUE TENHO AMADO? TENHO ME EMPENHADO PARA PROMOVER O CRESCIMENTO ESPIRITUAL DE QUEM AMO E O MEU PRÓPRIO CRESCIMENTO ESPIRITUAL? COMO POSSO ME APROXIMAR DESSA FORMA DE AMAR?

[65] JUNG, *apud* HOOKS, 2021, p. 84.
[66] HOOKS, *op. cit.*

Lembrando que espiritual aqui não é sobre religião, mas sobre a força vital que anima a nossa realidade mais íntima em que se unificam o saber, o sentir e o sonhar.

Vemos logo que amor por alguém e o autoamor são duas faces da mesma moeda. Assim, o amor deve, por princípio, respeitar a integridade de quem se é cultivando a própria expansão e desejar o mesmo para quem se ama.

O caminho para o amor é de trabalho, e não é simples. Além de não terem sido estimulados a realizar esse trabalho, na maior parte das vezes, os homens não recebem quase nenhum apoio quando escolhem não ser leais ao patriarcado.

Frequentemente, mulheres que supostamente anseiam por parceiros mais abertos e disponíveis ao diálogo não sabem lidar quando eles começam a compartilhar seus pensamentos e sentimentos, e mostrar sua fragilidade.

Para acontecer, a transformação nessa estrutura opressora precisa não só de um trabalho conjunto de humanização de mulheres e homens, mas também de apoio entre homens, pois a valorização do amor, da entrega, da abertura aos sentimentos não pode ficar restrita às quatro paredes do casamento ou de uma relação amorosa. Os homens precisam acolher, trocar, falar sobre suas dores, fragilidades e amores com seus amigos.

Homens precisam procurar apoio para suas frustrações e obsessões emocionais e sexuais, que podem se converter em agressividade e violência contra mulheres, além de buscar terapia e suporte psicológico.

É preciso expandir a autoinvestigação masculina, o cuidado com a própria subjetividade. Não é justo que as mulheres sigam se investigando, cuidando da própria saúde mental e sendo obrigadas a fazer um trabalho psíquico por dois, mesmo com todas as dificuldades impostas pela precarização da vida em tempos de neoliberalismo, inclusive recebendo cerca de 25% menos do que os homens para desempenhar funções equivalentes no mercado de trabalho.[67]

Se um dos alicerces da masculinidade patriarcal é a lealdade entre os homens, que os mantém cúmplices silenciosos dos erros uns dos outros, John Stoltenberg propõe outro tipo de lealdade, capaz de ajudar a criar as bases para uma nova masculinidade. "Aprender a viver como um homem consciente", ele argumenta, "significa decidir que sua lealdade às pessoas que você ama é sempre mais importante que qualquer inclinação de lealdade que você possa eventualmente sentir em relação ao julgamento de outros homens quanto a sua masculinidade".[68]

Talvez o percurso até aqui tenha convencido você de que as coisas precisam mudar e sente que gostaria de fazer parte dessa transformação. Mas, ao mesmo tempo, também deve estar se perguntando como encaixar essa nova atitude, que exige tempo para investir em conversas, reflexões, leitura e terapia, no seu dia a dia, que já é saturado de obrigações e tarefas. Então, agora precisamos encarar a dura realidade de que não vamos conseguir viver o amor, o desejo e os afetos como desejamos e merecemos sem alterar camadas mais profundas da existência, que transcendem as nossas vidas individuais.

---

[67] RIBEIRO, Leonardo. Diferença salarial entre homens e mulheres chega a 25,2% no Brasil, diz estudo. Brasília, *CNN Brasil*, 25 mar. 2024. Disponível em: https://www.cnnbrasil.com.br/economia/macroeconomia/diferenca-salarial-entre-homens-e-mulheres-chega-a-252-no-brasil-diz-estudo/. Acesso em: 23 ago. 2024.

[68] STOLTENBERG, 1997, *apud* HOOKS, 2021.

O amor dá trabalho, é preciso dedicar tempo a ele: um trabalho que demanda autoconhecimento, aprender a ouvir e acolher, construir vínculos. Um trabalho de entrega para além de si mesmo, cultivando uma comunidade de amor.

bell hooks fala que o tanto que precisamos trabalhar para atender às nossas necessidades materiais básicas, nessa sociedade capitalista, "deixa os indivíduos com tão pouco tempo que, quando não estamos trabalhando, estamos física ou emocionalmente cansados para trabalhar na arte de amar".[69]

Sua crítica não poderia ser mais atual.

O capitalismo, em sua versão neoliberal, ainda mais exploradora e cruel, transforma a todas e todos em sujeitos exaustos, que dão a melhor e maior quantidade de energia de que dispõem para a máquina de reprodução do capital, enriquecendo ainda mais os bilionários do planeta. Nesse caminho, nossos afetos sofrem os efeitos colaterais. Não apenas as relações românticas e afetivo-sexuais, mas também nossas amizades estão cada vez mais vulneráveis.

O que para nós é uma sensação difusa, de ser cada vez mais difícil manter o contato e o convívio com amigas e amigos, pesquisadores estadunidenses identificaram, em um levantamento desanimador, o fenômeno chamado por lá de "recessão da amizade", que atinge de forma mais forte os homens.

De acordo com uma pesquisa de 2021, 27% dos homens norte-americanos declararam ter ao menos seis amigos próximos. Esse número representa praticamente a metade dos 55% que tinham essa quantidade de amigos no levantamento de 1990.

---

[69] HOOKS, *op. cit.*, p. 194.

A comparação dos homens sem nenhum amigo próximo também é muito triste: o número, que era de 3% em 1990, subiu para 15% em 2021.[70] À recessão da amizade soma-se ainda outro fenômeno identificado em pesquisas: a epidemia da solidão. É cada vez maior o número de pessoas que se sentem sozinhas no mundo, o que se acentuou durante a pandemia de Covid-19, mas que já dava sinais de alerta bem antes.

Nas pesquisas mais recentes, os números indicam que a solidão cresce no mundo todo de forma consistente. Ainda nos Estados Unidos, 3 em cada 5 cidadãos se sentem sozinhos.[71] Por aqui, 36% dos brasileiros afirmaram se sentir assim. E esses números crescem também em outros países da América Latina, Europa e Ásia.

Ao contrário do que muita gente pensa, as maiores taxas de solidão estão entre jovens adultos (entre 19 e 29 anos), com 27% deles se considerando "muito ou bastante solitários". Já entre idosos com mais de 65 anos, o grupo dos solitários representa 17%.[72]

---

[70] COX, Daniel. American Men Suffer a Friendship Recession. [s. l.], NR, 6 jul. 2021. Disponível em: https://www.nationalreview.com/2021/07/american-men-suffer-a-friendship-recession/. Acesso em: 23 ago. 2024.

[71] ÁVILA-CLAUDIO, Ronald. 'Há uma epidemia de solidão porque não nos atrevemos a passar tempo com os outros sem fazer nada'. [s. l.], BBC News Brasil, 5 out. 2023. Disponível em: https://www.bbc.com/portuguese/articles/cl7x1w17q1vo. Acesso em: 23 ago. 2024.

[72] OLIVEIRA, Isabela. Mundo vive "epidemia de solidão": um quarto das pessoas se sente só. [s. l.], Giz Brasil, 28 out. 2023. Disponível em: https://gizmodo.uol.com.br/mundo-vive-epidemia-de-solidao-um-quarto-das-pessoas-se-sente-so/. Acesso em: 23 ago. 2024.

A solidão é um problema social muito complexo e multicausal, mas é uma realidade colocada para os jovens e as gerações futuras. As tecnologias individualizantes e o isolamento social imposto pelo trabalho precarizado no neoliberalismo são características marcantes da vida de todos e todas, sobretudo entre jovens, que já nasceram em um mundo no qual isso é considerado normal.

Ter sempre um celular conectado às redes sociais e a outras plataformas digitais de diversão e serviços e, ao mesmo tempo, ter jornadas de trabalho cada vez mais longas e desreguladas forma um ambiente que aumenta o custo de se encontrar com outras pessoas para socializar presencialmente, estimulando, assim, o isolamento.

Mas alguns pontos podem ser levantados: o isolamento e a solidão são um risco não só para a saúde física e mental como também, como mostram algumas pesquisas, para a democracia,[73] já que os dados indicam uma ligação entre solidão e atitudes antidemocráticas, como uma propensão a simpatizar com teorias da conspiração, autoritarismo, populismo, quebra das regras políticas e violência.

Além do esgotamento e cansaço, resultantes do fenômeno da falta de tempo, estamos enredados em dinâmicas de hiperconsumismo que nos afastam do desejo de mergulhar no outro, que é próprio do amor.

Amar em tempos de capitalismo tardio tem sido cada vez mais difícil, segundo o filósofo Byung-Chul Han em seu livro *Agonia do Eros*,[74] pois estamos capturados em

---

[73] WHITTLE, Helen. Solidão ameaça a democracia, afirma estudo. [s. l.], *DW*, 18 mar. 2024. Disponível em: https://www.dw.com/pt-br/solid%C3%A3o-amea%C3%A7a-a-democracia-afirma-estudo/a-68605596. Acesso em: 23 ago. 2024.

[74] HAN, Byung-Chul. *Agonia do Eros*. Petrópolis: Editora Vozes, 2017.

um narcisismo extremo, que nos desestimula a enxergar o outro na sua singularidade e incentiva a buscar amor apenas como forma de confirmar o próprio valor. E a outra pessoa, sem a sua "alteridade" (sem ser considerada inteira e única na sua diferença, como ela é), não pode ser amada, apenas consumida.

Os efeitos do capitalismo nas nossas relações e nos nossos afetos nos colocam diante da urgência de uma organização da mudança que precisa acontecer na sociedade.

É chegada a hora de retomar a crítica radical do capitalismo feita pelo feminismo da segunda onda, como nos exorta a filósofa Nancy Fraser.[75] A marca principal do feminismo daquele período era uma luta por justiça de gênero que combinava necessidade de redistribuição, reconhecimento e representação.

Com o passar das décadas, essas demandas se separaram. Houve o crescimento da luta por reconhecimento e representação das diferenças e identidades e o encolhimento da luta por redistribuição de bens e recursos. O foco foi colocado na reforma da sociedade, com ajustes e melhorias nas condições de vida, e não na revolução, que transformaria a estrutura em suas bases, fundando um novo pacto coletivo fora do imperativo do lucro acima das diferentes formas de existência. O capitalismo, em sua versão neoliberal, parasitou o feminismo.

Ele fez isso principalmente de duas formas. Uma delas foi criando meios de lucrar com as demandas

---

[75] FRASER, Nancy. Feminismo, capitalismo e a astúcia da história. In: DE HOLLANDA, Heloisa Buarque (org.). *Pensamento feminista*: conceitos fundamentais. Rio de Janeiro: Bazar do Tempo, 2019.

do movimento por valorização da identidade feminina, como no caso da indústria bilionária do bem-estar feminino, que transforma uma pauta importante, como autocuidado e exaustão, em "rotinas de skincare" (cuidados com a pele), entre outros produtos e serviços. A outra foi deixando de lado uma crítica mais aguda às desigualdades socioeconômicas, que mantém as mulheres às margens do acesso a bens e a recursos, principalmente as mulheres negras, pobres, idosas, gordas, PCDs, entre outras identidades "minorizadas".

Incluir a redistribuição na luta das mulheres seria uma maneira de, por exemplo, atacar as causas que as levam a desfilar peles cansadas por aí, já que elas teriam acesso a redução da jornada de trabalho, creche, moradia próxima ao trabalho, redução do tempo de deslocamento ou a uma renda universal, por serem responsáveis pela reprodução da sociedade.

O diagnóstico mais frequente sobre a segunda onda do feminismo, do qual Fraser discorda em parte, foi o de que embora tenha sido bem-sucedida em transformar a cultura, ela fracassou em transformar as instituições.

Acreditamos ser o momento de aproveitar o sucesso da crítica cultural do feminismo, sua presença cada vez mais consolidada na sociedade, na cultura de massa e no imaginário coletivo para rearticular uma crítica ao capitalismo mais profunda, capaz de transformar as instituições, ao enfatizar sua toxicidade para todas as formas de vida e do viver, incluindo nossos desejos e afetos.

O convite que fazemos é para imaginar utopias e estratégias para recuperar nosso direito de amar e desejar tanto das garras do patriarcado quanto do capitalismo. Para que possamos crescer e nos expandir, nos tornar quem somos completamente, para benefício próprio e do mundo em que habitamos.

No próximo capítulo, vamos falar de trabalho: trabalho fora de casa, trabalho dentro de casa, trabalhos invisibilizados e trabalhos que estão deixando todo mundo esgotado. Vamos falar também de como essa concepção de trabalho afeta nossas relações, nossa saúde e nossa integridade.

CAPÍTULO 4:
TRABALHO

Já vimos como a divisão dos papéis de gênero no patriarcado fixa o homem num ideal de masculinidade muito reduzido, que o impede de desfrutar plenamente do erotismo e do amor em toda a sua profundidade e potencialidade. Falamos sobre como a política se infiltra em nosso desejo através de uma hierarquia de status sexual e como a gente precisa reconhecê-la para poder se emancipar dela. Discutimos como o consentimento é a exigência mínima para relações sexuais entre pessoas adultas, mas está longe de ser garantia de prazer e entusiasmo. Abordamos a idealização do amor romântico e como ela distribui expectativas e tarefas diferentes para mulheres e homens. Finalmente, destacamos a importância de recuperar coletivamente o tempo roubado pelo capitalismo para nos dedicar ao trabalho do amor.

Chegou a hora de falarmos da relação entre trabalho e feminismo e entender como as duas coisas se articulam. Passaremos pelo conceito de trabalho doméstico e do cuidado, abordaremos carga mental e, por fim, debateremos o trabalho do sexo.

Comecemos pela definição de trabalho.

O que é o trabalho?
Segundo umas das definições do dicionário Michaelis, é: "Atividade profissional, regular,

> remunerada ou assalariada, objeto de um contrato trabalhista".[76]

Se a gente recuar na história, vai perceber que a palavra trabalho vem, em sua raiz, das palavras "tortura" e "sofrimento". Teriam de ser torturados aqueles que não pudessem pagar por seus impostos, por exemplo.

Na Bíblia, você não vai ficar menos horrorizado: "No suor do teu rosto comerás o teu pão, até que te tornes à terra; porque dela foste tomado; porquanto és pó e em pó te tornarás" (Gn 3:19), teria dito Deus, ele mesmo, ao pecaminoso Adão ainda no Jardim do Éden.[77]

O trabalho como penitência. Como castigo.

Desde a Revolução Industrial, no entanto, assimilamos que trabalho é executar uma tarefa e receber dinheiro por ela. Hoje aceitamos, como sociedade, que é o salário que separa trabalho de não trabalho. Uma noção que, de tão assimilada, nem exige reflexão.

Essa concepção a respeito do que é trabalho não é uma premissa ao acaso. Pensar desse jeito estrutura e organiza nosso campo de percepção. Existe um sentido para que essa ideia do que é trabalho seja universal.

Qual seria a intenção?

Vamos voltar um pouco no tempo para fins de contexto.

Antes da Revolução Industrial, do colonialismo e do nascimento do capitalismo – coisas que não podem ser

---

[76] TRABALHO. In: *Michaelis Dicionário Brasileiro da Língua Portuguesa*. São Paulo: Melhoramentos, 2024. Disponível em: https://michaelis.uol.com.br/moderno-portugues/busca/portugues-brasileiro/trabalho/. Acesso em: 23 ago. 2024.

[77] BÍBLIA. Gênesis. Português. In: *Bíblia Online*, Cap. 3, vers. 19. Disponível em: https://www.bibliaonline.com.br/acf/gn/3/19. Acesso em: 23 ago. 2024.

separadas –, trabalho era usualmente uma atividade que transformava a natureza através do uso de alguma tecnologia para o proveito e bem-estar daqueles ao nosso redor, e também da gente: construir a casa onde íamos morar, ordenhar a vaca para o alimento da família, cortar e transportar a lenha, confeccionar as roupas das crianças, preparar o sabão, a refeição, arrumar a casa, plantar, colher, caçar etc. Trabalho não estava associado a salário porque não havia salário. Trabalho nem era chamado de trabalho.

Com a Revolução Industrial, as fábricas e a produção em escala e em excesso, o cenário então mudou.

Crianças, mulheres e homens passavam 15, 16 horas durante os sete dias da semana em fábricas e, pelo trabalho, recebiam um salário. Na época, houve muita resistência, lutas e greves, e alguns movimentos chamavam o novo sistema de "escravidão remunerada".

Batalhas sangrentas acabaram regulando o novo conceito de trabalho: carga horária, proibição de crianças, folgas, férias. Nada foi concedido por benevolência, mas direitos importantes foram conquistados por meio de confrontos muitas vezes campais, nos quais a trabalhadora e o trabalhador eram massacrados e mortos pelo poder patronal organizado. A história desse nosso modo de vida atual é repleta de guerras, destruição, extermínios e sangue. É, portanto, curioso quando alguém argumenta que o comunismo matou muita gente, ignorando por completo a história de horrores do capitalismo.

Quando algumas dessas conquistas conseguiram tirar as crianças do chão de fábrica, boa parte das mulheres voltou com elas para os lares e surgiu daí a ideia vigente de "dona de casa".

Toda a história contada aqui é eurocentrada, porque a sociedade em que vivemos foi erguida nesses moldes.

Havia outros arranjos econômicos e sociais em outros cantos do planeta, mas nossa ideia de civilização, com todas as violências e barbáries que imperam atualmente, veio dessa Europa colonialista e imperialista. Por isso falamos basicamente dela. Por quê? Porque nasce com ela a ideia de homem e de mulher que vigora hoje. Quando os colonizadores invadiram as terras que chamariam de Brasil, em 1500, trouxeram com eles o regime binário da diferença sexual. Antes da chegada das caravelas havia, claro, pessoas com pênis e pessoas com vaginas no território que eles ocupariam, mas não havia a cartilha de características associadas ao que hoje entendemos por masculino e feminino. Há relatos, inclusive, de indígenas queimados por se comportarem como mulheres. Relatos de indígenas sendo punidos por comportamentos que eles nunca entenderam como errados. Chega com os portugueses a ideia de família, de propriedade, de homem e de mulher.

Enquanto isso, na Europa, a Revolução Industrial dava seus primeiros passos. Anos depois, diante da regulação de alguns direitos trabalhistas e com o retorno das crianças e de suas mães ao lar, o cuidado com a casa e com filhos deixou de ser visto como trabalho porque, afinal, não havia salário envolvido. Que nome deram a ele? Amor.

Fazemos aqui uma pausa dramática.

O que foi internalizado é que a mulher cuida (da casa, dos filhos, do marido, dos pais, da sogra, do sogro) por amor.

Ser mãe exige sacrifícios, aprendemos. Vejam: ser mãe é a melhor coisa do mundo. Nada se compara a essa experiência. A mulher deve ser preparada para casar e ter filhos. Uma mulher que não casa não cumpriu seu destino.

Ou assim nos é dito. Mas que tipo de violência simbólica essas imposições carregam?

> QUE OS CUIDADOS COM A CASA E COM OS FILHOS SÃO CUIDADOS FEMININOS. E ESSA IDEIA É UMA CONSTRUÇÃO SOCIAL.

A mulher não vem ao mundo com um chip que a habilita a fazer uma bela lista de compras, passar o aspirador, separar a roupa que vai ser lavada, lavar a roupa, pendurar peça por peça, ir ao mercado, cozinhar, servir o almoço, dar um jeito na louça, trocar uma fralda, alimentar a criança, perceber se a roupa do filho ficou pequena, comprar uma nova, verificar a lista de material escolar, checar o grupo de mensagens de "pais" da escola – que basicamente só tem mães –, interagir, notar se o sapato da criança já não serve mais, comprar o sapato novo etc, etc, etc. Uma mulher é treinada a observar, se preocupar e fazer essas coisas.

Desde quando ela é treinada para isso? Desde pequena.

As meninas são sempre presenteadas com a casinha de boneca, a boneca que chora e precisa ser alimentada, a boneca que faz xixi e precisa ser trocada, o forninho que faz bolo, a vassourinha que varre a casa, o avental... Percebem como a doutrinação vem desde o começo?

E o menino?

O menino é treinado e estimulado a ir para a vida. A bola, o carrinho, o revólver, o incentivo para subir numa árvore, para correr mais rápido do que o amiguinho, para revidar e engolir o choro.

Uma menina treinada a fazer coisas consideradas de menino seria tão apta quanto ele a passar pelo mundo com essas características. E vice-versa.

Mas, neste mundo em que vivemos, meninas são adestradas para ficar em casa e cuidar do lar e meninos, para sair, trabalhar e ganhar dinheiro.

O que acontece com quem fica em casa cuidando do lar? Como é o dia dessa pessoa? Cuidar de um lar é um trabalho que não tem fim. São todos os dias, sete dias da semana, uma luta cotidiana. Um trabalho que a sociedade confere à mulher como se não fosse trabalho.

É amor, pessoal.

Mulheres cuidam porque vieram ao mundo equipadas para isso. Amor de mãe. Sacrifícios que só uma mãe é capaz de fazer. Mãe cuida, protege, ampara.

Querem ver o trabalho dentro de um lar ser invisibilizado e cada item dele ser transformado em amor? Assistam às campanhas publicitárias do Dia das Mães. Está tudo ali, passo a passo, item por item: é sacrificante, mas a maternidade é isso mesmo e, bem, um dia por ano a gente lista o trabalho de uma mãe e empacota tudo como amor. Ano que vem tem mais.

Mas vejamos um dia a dia hipotético na vida de um casal heteronormativo igualmente hipotético em que a mulher não trabalha fora de casa e o homem sai para trabalhar.

No fim do dia, o marido volta esperando jantar e descansar. E ela? Ela, que passou o dia trabalhando (lavando, passando, limpando, cozinhando), segue trabalhando depois que ele volta. Ele se joga na frente da TV, ela faz o jantar, serve, lava a louça. Quando vão para a cama, ele espera transar. Mas ela está exausta.

Para piorar, ela também está ultraconsciente das tarefas que não teve tempo de executar: se depilar, cuidar do cabelo, fazer as unhas – coisas que o machismo convence uma mulher que são essenciais para que ela se sinta atraente.

Sem autoestima e estando esgotada, ela não quer se despir: quer apenas se deitar e dormir. Aliás, nos Capítulos 2 e 3 já falamos sobre como o sexo é uma experiência diferente para a mulher, sendo considerada propriedade de um homem dentro do casamento ou fora dele.

Agora vamos adicionar um bebê a esse casal hipotético.

O trabalho dela, quando o marido sai, ganha volume: lavar, passar, limpar, cozinhar, trocar fralda, fazer a criança dormir, fazer parar de chorar, dar o peito, a mamadeira, a papinha.

O marido volta para casa esgotado depois de um dia de trabalho. Foi um dia puxado, o chefe estava exigente, ele diz. Ela serve o jantar. A pia fica cheia de louça, mas ele está muito cansado para fazer qualquer coisa que não seja ver um filme ou o jogo do Flamengo. Ela, também esgotada, pede que ele lave a louça enquanto ela vai dar banho na criança: duas tarefas que devem ser chamadas de trabalho. Ele se arrasta e vai resmungando porque, no fundo, foi treinado para acreditar que essa função é dela, como foi de sua mãe.

Mas ele, que é um cara bacana, lava a louça e se nutre da certeza de que ajudou pra caramba naquela noite. No meio da noite, o bebê chora. Ele cutuca a mulher na cama, diz que tem que acordar cedo para trabalhar e não pode passar a noite em claro cuidando de criança.

Já ela, que vai ficar em casa no dia seguinte, pode perfeitamente passar uma noite tentando acalmar a criança que chora, ele pensa. Mas o dia seguinte dela vai ser como? De trabalho.

Um trabalho que não se chama trabalho, se chama amor. Um trabalho que não tem remuneração nem é visível. Um trabalho que ela precisa fazer sem reclamar porque ser mãe exige sacrifícios que serão todos romantizados no próximo Dia das Mães em belíssimas campanhas publicitárias com mães alegres, música comovente, filhos e maridos amorosos que reconhecem o sacrifício de cada mãe e agradecem com beijos, chamego e um eletrodoméstico novinho em folha de presente.

Agradecimentos. Abraços. Beijos. Celebração. Uma vez por ano. Ano que vem tem mais, mamãe. Enquanto isso, trabalha aí.

E assim a estrutura se reproduz.

Vamos mudar o filme.

Agora estamos falando de um casal heterossexual que pode pagar por ajuda.

A mulher e o homem trabalham fora e conseguem bancar uma babá, uma faxineira e uma cozinheira.

O trabalho de cuidar da casa é terceirizado e remunerado. Quando acaba o material de limpeza, a faxineira liga para a mulher.

Quando a criança fica doente, a babá liga para a mãe. A cozinheira avisa a mulher – e não o homem – de que a cebola acabou.

Se a criança está em idade escolar, a escola liga para a mãe para dizer que a filha ou o filho levou um tombo e precisa ir ao hospital.

A lista de compras é feita pela mulher. O marido até pode executar a compra se a diarista não puder fazer isso, mas ele não tem ideia de que produto é necessário para passar no chão de taco ou dos ingredientes necessários para fazer o feijão.

Ele, roboticamente, compra o que está na lista e mais umas cervejas, que a mulher esqueceu de colocar na lista. Ela sabe que ele ama uma cervejinha no jantar. Custava ter pensado nele?

O dia a dia do filho na escola, os problemas, as reuniões, as lições, as crianças que precisam de mais atenção... tudo é com a mãe. Ela, que trabalha fora de casa, precisa se desdobrar para dar conta.

O pai, que faz um supermercado aqui e outro ali, acorda em noites aleatórias para ficar com a criança que chora e lava uma ou outra louça, se convence de que está sendo útil porque, afinal, trabalha fora e seu salário basicamente sustenta a casa.

Todo esse trabalho mental – que sobra para a mulher – de deixar a casa funcional leva o nome de "carga mental". Ele esgota uma mulher, mesmo aquela que pode pagar pela ajuda de outras mulheres para cuidar da casa.

Esse esforço mental para ela se lembrar da lista de coisas necessárias para que a casa funcione fica como um arquivo minimizado na cabeça das mulheres. Ele está dentro da cabeça dela, pronto para ser maximizado, numa reunião de trabalho, na ginástica, dando uma aula etc.

Agora nossa imaginação vai tratar de um casal heterossexual cujo homem é um cara consciente e sabe que precisa dividir com a mulher as tarefas do lar.

Ele vai às compras, troca a fralda da criança, passa a noite em claro tentando fazer a febre baixar, vai às reuniões da escola, entra no grupo de mães etc. Ele não foi treinado para fazer essas coisas, os amigos debocham, mas nosso herói segue seu destino de desconstrução.

Existe ali no fundo de sua alma a noção de que ele é um marido e um pai exemplar, um cara para ser elogiado. E o mundo todo não para de dizer isso a ele.

As amigas da mulher não se cansam de celebrá-lo. Seu marido é um paizão, dizem. Nossa, ele lava a louça sem você ter que pedir? Nossa, ele sai correndo quando escuta a criança chorar sem você ter que pedir? Uau!

O peito enche. Ele de fato é um cara melhor do que os outros. No trabalho, o cara perfeito flerta com uma ou outra, mesmo estando numa relação monogâmica, porque desse jogo ele não abre mão. Ser um homem consciente custa ao nosso protagonista muitos símbolos de masculinidade. Os amigos comentam. Os colegas de trabalho riem. Flertar é o que devolve a ele a ideia da masculinidade perdida.

Esse casal quase ideal ficou meio apertado de grana e combinou que a limpeza pesada da casa ia ser feita por eles mesmos. Cada um num sábado, alternadamente. No sábado dela, ela vai lá e faz. No dele, ele enrola. Ela então precisa lembrar, pedir. Ele não gosta de ser cobrado. Argumenta que a casa nem está tão suja. Ela insiste, ele levanta emburrado e vai lavar o banheiro.

Deveríamos elogiar o homem que apenas compartilha com a mulher dos cuidados de um lar e dos filhos? Elogiamos porque acreditamos que está indo além de suas funções quando, na verdade, não está. Ele está apenas agindo como um adulto funcional.

Para terminar esta seção de exemplos hipotéticos, vamos falar do pai separado.

Nosso personagem fictício pega o filho ou a filha em fins de semana alternados – quando muito. Ele acredita que, na separação, pode fazer menos do que a mãe porque a criança, ele repete para si mesmo, precisa mais dela do que dele nessa idade.

O cara então pega o filho ou a filha no fim de semana, enche suas redes sociais de fotos, devolve para a mãe domingo à noite (não raramente a criança volta doente) e vai para o bar com amigos.

O trabalho de cuidado diário dessa criança é da mãe. A relação romântica terminou, ele lava as mãos e se manda. Pode apenas ser pai, como manda o manual do patriarcado, esse regime que dá ao homem o direito de participar da educação dos filhos e das filhas apenas no limite de seus interesses e disponibilidades: fins de semana alternados, quartas-feiras à noite.

Vamos deixar claro que a gente sabe que nem todo pai separado age assim e que nem todo homem preenche os papéis dessas histórias inventadas.

Alguns pais separados compartilham, inclusive, a guarda dos filhos e das filhas, alternando as semanas. Alguns são homens conscientes, que sabem que um pai separado vai agir, quando estiver na função, como pai e como mãe, ou seja, como cuidador. Alguns não delegam às suas novas mulheres, de um novo relacionamento, o cuidado com seus filhos – enteados delas, no caso.

Esses caras existem, sem dúvida. Os exemplos aqui querem chamar a atenção para o paradigma das relações dentro desse regime da diferença sexual e mostrar que os homens que escapam dele estão se opondo ao que é institucional e estrutural – e que essa oposição exige esforço e disciplina porque eles serão diariamente encorajados pelo sistema a deixar isso pra lá e a voltar a ser "homem" com H maiúsculo.

Uma provocação: o que vocês pensariam da mãe que, na separação, não quer guarda compartilhada, deixa os filhos com o pai, pega em fins de semana alternados – quando aparece –, fica com as crianças por 15 dias nas férias escolares e em uma ou outra quarta-feira?

E se a mãe do casal citado anteriormente avisa, depois de um tempo da separação, que aceitou uma promoção no trabalho e vai morar em Paris? Ela deixa os filhos com o pai e passa a vê-los por 15 dias por ano nas férias apenas. Que tipo de julgamento social cairia sobre os ombros dessa mulher? Mais uma, prometemos que é a última: a criança nasce, os amigos festejam, que bebê lindo etc. e tal. Quatro meses depois, a mãe é vista sozinha na balada. Com quem ficou a criança? Vão perguntar a ela de imediato. E se o pai é visto na balada? Alguém chega nele para saber com quem ficou o recém-nascido?

Agora, uma pausa para falar do patriarcado que já citamos anteriormente.

O patriarcado é a formação social na qual os homens detêm o poder e a autoridade por força de remeterem às figuras dos primeiros pais de família que viveram. Essa visão tradicional também recebe a influência de um sentido religioso, já que o patriarcado e os patriarcas eram os dirigentes da Igreja Católica, e ainda são chamados assim no caso da Igreja Ortodoxa. Ele é um sistema de relações sociais que entende o homem como dominante e como gênero universal, e se sustenta na ideia de que existe um regime binário da diferença sexual dentro do qual homens são feitos de razão e mulheres, de emoção.

É do patriarcado, portanto, a ideia de que homens trabalham fora, mulheres cuidam da casa. Homens têm aptidão a ocupar cargos de poder e tomar decisões, mulheres obedecem e devem ser belas, recatadas e do lar. Homem é o gênero hegemônico; mulher é o inferior. O patriarcado se escora nessas ficções para seguir organizando a sociedade.

É o patriarcado que justifica que o trabalho executado dentro de um lar não é de fato trabalho porque mulheres nasceram para cuidar e são naturalmente habilitadas para essas tarefas. E, se ele coloca o homem como gênero superior, fica evidente que este é, portanto, aquele que deve ser servido.

A ilusão da superioridade confere ao homem muitos privilégios e impõe à mulher muitas opressões. O que estamos buscando com esta pequena obra é mostrar que, dentro desses privilégios, existem jaulas que aprisionam os homens também. Compreender essa dimensão da opressão faria com que eles entrassem na luta pelo fim do machismo e da misoginia com a fúria de quem luta pela própria liberdade, e não como auxiliares de um movimento de mulheres.

E, quando falamos de trabalho, esse homem cheio de privilégios, é treinado a sair de casa para ganhar dinheiro e sustentar o lar. No trabalho, ele deve fazer o que for preciso para se dar bem e merecer promoções regulares. Para a maioria da população masculina, o trabalho é um ambiente de tensão, pressão e opressão. O patriarcado e essa ideia de homem que ele cria dizem que os homens devem aguentar toda essa pressão sem reclamar.

O dia a dia numa sociedade construída sobre o pilar da competição (e não da solidariedade) é uma guerra. Busca por bater metas, para ser melhor do que o cara ao lado, para ganhar a promoção, para ganhar cada vez mais. Se seu amigo comprou um carro novo, sua meta passa a ser trocar o seu. Um carro? Bobagem. O negócio é ter dois. Mais, mais e mais. Sempre mais. Menos é para os fracos e perdedores.

Para isso, vamos engolir sapo do chefe autoritário, passar a vida fazendo coisas de que não gostamos para poder sustentar a família, digerir tudo sozinho sem reclamar ou chorar. Homem que é homem aguenta o tranco.

Não por acaso esse homem, assim que consegue seu primeiro salário, pensa em se casar. Ele precisa sair dos cuidados da mãe e encontrar outra cuidadora.

A mulher, enquanto ele luta lá fora, vai fazer o jantar, lavar a louça, arrumar a casa ou cuidar de contratar quem a arrume. A função dele é trazer dinheiro para dentro do lar e não reclamar de trabalho. Quanto mais dinheiro, mais bem-sucedido, mais sucesso, mais status. "É muito trabalhador", dizia minha avó quando queria elogiar meu pai. Mas não é elogio; é destino.

O trabalho doméstico é muito mais que a manutenção de uma casa. O que conhecemos como trabalho doméstico é o conjunto das ações que nutre o trabalhador física, emocional e sexualmente. É o que oferece a ele o ambiente para voltar ao trabalho, no dia seguinte, alimentado, cuidado, vestido. Trabalho doméstico envolve cuidar dos filhos, que serão futuros trabalhadores. Sem esse trabalho, o capitalismo derreteria.

"Atrás de cada fábrica, atrás de cada escola, atrás de cada escritório ou de cada mina, está o trabalho invisível de milhões de mulheres que consumiram suas vidas produzindo a mão de obra que trabalha naquela fábrica, escola, escritório ou mina", escreve Silvia Federici em *O ponto zero da revolução*.[78]

Vivemos numa sociedade que obriga todo mundo a trabalhar, mas não é capaz de oferecer trabalho para todos. Olhem em volta e vejam quanto trabalho existe sem ser feito: hospitais a serem erguidos, creches para serem construídas, lixo a ser recolhido, escolas a serem

---

[78] FEDERICI, Silvia. *O ponto zero da revolução*: trabalho doméstico, reprodução e luta feminista. São Paulo: Editora Elefante, 2019.

montadas, ruas a serem alargadas... trabalho não falta. Falta interesse político para associar milhões de desempregados com os trabalhos a serem realizados. Mas isso é tema para outro livro.

Enquanto esse homem está na rua tentando sustentar a família, e na maioria das vezes se matando de trabalhar para deixar alguém – que não exatamente ele – muito rico, a mulher está em casa tratando de cuidar de tudo para que, no dia seguinte, o marido, o filho etc. possa voltar para a firma e seguir sua luta diária.

É no colo dela que esse cara cai quando precisa de ajuda. É por causa dela que ele tem a roupa limpa e passada, faz refeições que o alimentam, dorme na cama arrumada.

E é em cima dela que ele desconta a frustração do trabalho.

É sobre o corpo dela que ele readquire a autoestima perdida no escritório, na fábrica, na firma.

Vamos pedir licença para contar uma história que testemunhamos.

No sítio de uma amiga, foi contratado um casal de trabalhadores rurais com dois filhos. Ele cuidaria da terra; ela, da casa. Eles morariam no que era chamada de "a casa do caseiro", sendo muito bem recebidos e contratados por um salário considerado mais do que justo.

A casa era confortável e as despesas com luz, gás, internet e TV seriam pagas pelo contratante. Parecia um acordo justo para esse mundo em que vivemos. O rapaz, na casa dos 20 anos, era doce, sensível, educado e trabalhador, como diria minha avó. Mas, em pouco tempo, ficou claro que o patrão era exigente e autoritário. "Quem protege, obriga", diz o ditado.

O caseiro trabalhava eventualmente mais do que oito horas por dia sem hora extra; se executava o trabalho fora do padrão exigido pelo patrão, não raro escutava humilhações, ainda que dadas em voz baixa. Não demorou seis meses para o trabalhador passar a ser agressivo e autoritário dentro de casa com a própria mulher e os filhos. O que faziam com ele fora de casa, ele repetia no lar. Passou a ser um homem violento e a mulher desenvolveu uma depressão clinicamente diagnosticada.

Soubemos da história e fomos falar com a trabalhadora, porque achamos que seria importante esse aprofundamento no caso para fins jornalísticos e/ou literários.

Ela nos contou que decidiu pedir demissão no dia em que viu o marido começar a beber. O rapaz não bebia, não gritava, não demonstrara traços de violência enquanto namoraram nem depois do casamento. Era um pai envolvido, para as métricas aceitáveis da paternidade, e um marido presente e sensível. De repente, era como se tivesse sido abduzido por uma personalidade agressiva, segundo relatos dela.

A trabalhadora decidiu sair do emprego e tirar o marido de lá. Não estava reconhecendo o cara com quem se casou, e as crianças reagiam assustadas à nova dinâmica familiar.

O salário era bastante decente, mas a família estava sendo destruída. Foram morar na casa dos pais dela, passaram o maior aperto, demoraram a encontrar novos empregos. A família está bem hoje, teve mais uma filha, os dois encontraram empregos menos opressores, o dia a dia se normalizou. Mas quantas famílias são destruídas nessa dinâmica adoecedora?

O corpo está para a mulher, assim como o chão de fábrica está para o homem: é campo de abuso, mas também de resistência.

E chão de fábrica aqui precisa ser entendido de forma alargada: pode ser a corporação, a firma, o escritório, o trabalho por aplicativo.

Quando a segunda onda do feminismo tomou a sociedade estadunidense e a europeia, nos anos 1960, as feministas diziam que queriam ter o direito a um salário em nome da independência financeira.

Como o entendimento é de que salário só pode ser atribuído a trabalho fora de casa, a luta passou a ser essa.

E temos aqui dois problemas graves.

O primeiro é que as feministas dessa época se esqueceram de fazer o recorte de raça. Mulheres negras trabalhavam desde sempre: depois de deixarem de ser escravizadas, foram cozinhar, limpar casas, cuidar dos filhos das mulheres brancas, inclusive das feministas que agora exigiam empregos. O trabalho remunerado da mulher já existia, mas estava restrito a uma condição de subtrabalho, era executado por pessoas racializadas e mal remuneradas.

O outro é que feministas negras estavam na luta há décadas, mas suas pautas não foram incorporadas à luta das feministas liberais.

E, finalmente, houve o erro de associar trabalho a salário.

O trabalho doméstico não foi levado para o centro do debate. Não pela maioria, pelo menos. Silvia Federici e algumas dezenas de outras feministas marxistas estavam, já naquela época, berrando pelo direito de chamar o que a mulher fazia em casa de trabalho e não de amor ou destino biológico. Chegaram a fazer debates públicos, lançaram muitos textos e passaram a lutar por um salário contra o trabalho doméstico, e não por ele.

O que elas diziam – e dizem até hoje – é que esse trabalho doméstico invisibilizado só será identificado como trabalho quando existir um salário por ele. Nesse instante, as mulheres poderão então reorganizar a luta: a partir do momento em que os cuidados das crianças e do lar forem reconhecidos por um salário e chamados de trabalho, com direito a aposentadoria.

Mas, nos anos 1970, o debate foi pautado pelas feministas brancas e liberais. No final, conseguiram o que queriam: mais trabalho. Dessa vez, fora do lar e assalariado. As mulheres de classe média começaram então a acumular funções, coisas que mulheres de outras classes já faziam: trabalhavam fora e dentro do lar. E agora as feministas liberais precisavam dar conta dos dois mundos.

Nos anos 1980, as primeiras mulheres chegavam a cargos de comando em grandes empresas e se comportavam exatamente como os homens. Margaret Thatcher, primeira-ministra do Reino Unido entre 1979 e 1990, foi o exemplo de uma mulher que chegou ao posto máximo e fez as coisas como a sociedade masculina esperava que ela fizesse. Era como se a luta feminista estivesse batalhando por oportunidades iguais para dominar e oprimir.

Thatcher foi implacável com a classe trabalhadora, privatizou o que podia ser privatizado, criou uma camada de trabalhadores e trabalhadoras precarizados, destruiu o sistema de saúde público, o de moradia. Enfim, seguiu a cartilha neoliberal, que estava sendo testada na ditadura chilena de Pinochet, de cabo a rabo.

Já vimos o que acontece a corpos femininos quando habitamos uma sociedade que explora, humilha e oprime o corpo masculino no trabalho fora de casa.

A luta feminista dos anos 1970 acentuou esse duplo comando de opressão às mulheres brancas: na firma e em casa. Oprimidas pelo marido e pelo patrão. As mulheres negras e racializadas já sabiam dessas camadas de opressão há tempos.

Todas as vezes em que uma sociedade se precariza – e isso vem acontecendo de forma contínua desde os anos 1970 com a ascensão neoliberal – é sobre o corpo da mulher (cis e trans, branca e racializada) que os homens descontam sua fúria.

A professora e pesquisadora italiana Silvia Federici, que há 40 anos estuda o trabalho que as mulheres executam nos lares, diz em seu livro *O ponto zero da revolução*: "A imensa quantidade de trabalho doméstico, remunerado e não remunerado, realizado por mulheres dentro de casa é o que mantém o mundo em movimento".[79]

Coloquemos em números.

O trabalho não pago de afazeres domésticos e cuidados nas famílias, se contabilizado, acrescentaria 13% ao PIB brasileiro. Essa é a principal conclusão de um estudo do Instituto Brasileiro de Economia da Fundação Getulio Vargas (FGV-IBRE), que revela também que as mulheres brasileiras dedicam até 25 horas por semana a essas atividades, enquanto os homens dedicam cerca de 11 horas.[80]

[79] *Ibidem*, 2019.
[80] PESSOA, Carolina. Trabalho doméstico não remunerado aumentaria em 13% o PIB do país. Brasília, *EBC*, 6 out. 2023. Disponível em: https://agenciabrasil.ebc.com.br/radioagencia-nacional/geral/audio/2023-10/trabalho-domestico-nao-remunerado-aumentaria-em-13-o-pib-do-pais. Acesso em: 23 ago. 2024.

Agora, em contexto mundial, segundo a Oxfam, o trabalho doméstico vale mais de 10 trilhões de dólares por ano. "Na base da pirâmide econômica, mulheres e meninas, principalmente as que vivem em situação de pobreza e pertencem a grupos marginalizados, dedicam gratuitamente 12,5 bilhões de horas todos os dias ao trabalho de cuidado e outras incontáveis horas recebendo uma baixíssima remuneração por essa atividade", diz o relatório.[81]

Essas tarefas de cuidado realizadas nos lares são chamadas, por Federici, de "trabalho de reprodução", que é o complexo de atividades por meio das quais nossas vidas e nossos trabalhos são reconstituídos diariamente. É o que torna os homens aptos a saírem de casa todos os dias e se juntarem ao exército de trabalhadores em fábricas, escritórios, hospitais, instituições etc. O que permite que as crianças vão à escola com suas lancheiras e uniformes lavados e passados. O que permite que o sistema econômico vigente siga se reproduzindo.

A autora francesa Françoise Vergès alarga um pouco a ideia de Federici quando escreve, em *Um feminismo decolonial*, que "o trabalho de cuidado e limpeza é indispensável e necessário ao funcionamento do patriarcado e do capitalismo racial e neoliberal; contudo, embora indispensável, ele deve permanecer invisível, marcado pelo gênero, racializado, mal pago e subqualificado".[82]

---

[81] GALVANI, Giovanna. Trabalho doméstico vale 10 trilhões de dólares não pagos a mulheres anualmente. [s. l.], *Carta Capital*, 20 jan. 2020. Disponível em: https://www.cartacapital.com.br/sociedade/trabalho-domestico-vale-10-trilhoes-de-dolares-nao-pagos-a-mulheres-anualmente/. Acesso em: 23 ago. 2024.

[82] VERGÈS, Françoise. *Um feminismo decolonial*. São Paulo: Ubu Editora, 2020.

Vergès chama a atenção para o caráter colonial e racista de um feminismo europeu que se acredita livre de preconceitos. A esse feminismo ela dá o nome de "civilizatório", já que ele adotou os objetivos da missão civilizatória colonial.

Vergès ressalta ainda o trabalho invisível das pessoas que "abrem as cidades" antes do amanhecer. As pessoas que limpam os espaços públicos, abastecem supermercados, padarias e lojas, que fazem uso de pesados produtos de limpeza cheios de componentes químicos tóxicos e que lidam com cargas pesadas. Ela lembra que outro grupo de pessoas vai, também, muito cedo, à casa da classe média para cozinhar, lavar, passar, servir e "fazer compras nos lugares que foram limpos pelo primeiro grupo de mulheres racializadas". E então, quando o dia amanhece, a classe média pode correr pelas ruas, ir às aulas de ioga, levar filhos e filhas, devidamente alimentados, para a escola e, finalmente, ir para o trabalho.

Um feminismo que não está atento ao que diz Vergès não é emancipatório.

Vejamos o exemplo da Universidade do Feminismo, organizada por Marlène Schiappa, secretária de Estado encarregada da igualdade entre homens e mulheres no governo do presidente francês Emmanuel Macron. Os debates ali promovidos giravam em torno de temas como "Podemos ser feministas dentro de casa?", "Como alcançar a igualdade homem-mulher no trabalho?" e "O véu e o feminismo". Foi nessa universidade que uma intervenção feita por uma moça de véu foi sonoramente vaiada.

O que é o feminismo quando ele se torna uma empresa de pacificação? Seria incompleto que um livro que trata de feminismo e trabalho deixasse de abordar a dimensão do capitalismo neoliberal nessa dinâmica.

Uma sociedade neoliberal atua convencendo cada um e cada uma de nós que suas conquistas são resultados exclusivos de seus méritos. Ela desconsidera o impacto que o racismo, o machismo, a misoginia, o classicismo, a LGBTfobia, o colonialismo e o imperialismo têm nessa corrida, assim como a desigualdade de oportunidades na saída.

Com base nesse "mérito", essa sociedade diz que, se você se esforçar, você chegará lá. Basta acordar mais cedo, trabalhar sem reclamar, se dedicar. As pessoas mais esforçadas que conhecemos jamais chegarão lá. E algumas das mais preguiçosas nunca tiraram os pés de lá porque apenas herdaram na forma de riqueza e poder isso que chamam de mérito.

Pois bem, essa mesma sociedade age encolhendo o espaço público dos direitos para a maioria e alargando o espaço privado dos privilégios para uma minoria. Se você se esforçou, você vai poder pagar para correr no parque, que era público até ontem, para ter um seguro-saúde decente, para andar em um bom carro sem precisar da "esmola" do transporte público estatal.

Essa sociedade de capitalismo neoliberal atua convencendo você a sair às ruas para lutar por políticas que, no fim do dia, vão te engolir vivo: menos impostos (você vai acabar pagando mais: quem paga menos no Brasil são os muito ricos), reforma trabalhista (lá se vão seus direitos), reforma da previdência (lá se vai sua aposentadoria) e tantas outras.

Mas você encampou essa luta porque acredita que pertence às classes mais altas. Você se vê como a classe que almeja ser e não se relaciona com os problemas, os sonhos e os desejos da classe à qual você realmente pertence, que é a trabalhadora. Todos e todas nós que precisamos de um salário para viver pertencemos à classe trabalhadora.

Esse sistema neoliberal fala em aberrações como "liberdade individual", a pedra fundamental de sua ideologia.

Mas vejam: não existe nada como liberdade individual absoluta. Se um cara come uma carne crua do outro lado do planeta e a saúde de todas e todos nós é afetada, quem pode estar livre? Como falar em saúde privada? Toda saúde é pública. Vivemos uma pandemia que esfregou todas essas verdades bem na nossa cara.

Dizemos tudo isso para mostrar que somos, homens e mulheres, vítimas de um mesmo regime que nos separa, apequena, enjaula, oprime, reprime, diferencia, deserotiza, exaure, explora.

Um feminismo que não luta por transformação social não é feminismo.

A luta pelo fim de abusos e violências sexuais, por políticas sexuais e reprodutivas justas e por salários iguais, é urgente, sim, mas também pelo fim da brutalidade policial, do encarceramento em massa, das violentas políticas imigratórias de países colonizadores, das deportações, das guerras.

Lutar por creches públicas e gratuitas, por moradia, por transporte público de qualidade, por ensino gratuito, pelo direito ao descanso, pela vida das pessoas trans e dos povos originários, por reforma agrária, por justiça ecológica e climática, por um sistema de saúde público cada vez mais integrado, gratuito e universal, pelas florestas de pé, pelo reflorestamento, pela Amazônia e pelo cerrado etc., etc., etc.

Por fim, devemos abordar o trabalho sexual – remunerado e não remunerado.

Para uma mulher, a ideia do casamento tradicional coloca o sexo no lugar do dever. Recomenda-se que nos guardemos até a noite de núpcias e que, a partir daquele momento, estejamos prontas para servir ao marido no que diz respeito às suas necessidades sexuais.

Vocês podem argumentar que já não é mais assim, mas nós contra-argumentaríamos que, para a maioria das pessoas deste mundo, para a maior parte das meninas e das mulheres, ainda é.

E, mesmo para aquelas sexualmente livres – como abordado em detalhes nos capítulos anteriores –, a ideia de que estamos andando pelo lado selvagem da vida ainda impera. Não precisamos de comportamentos exagerados para sermos chamadas de vadias: basta que nos comportemos como um homem. Junte-se a isso outro princípio que torna as coisas desafiadoramente confusas: a liberdade sexual da mulher trouxe com ela a ideia de que sexo é, mais do que um direito, um dever.

Para a mulher nesse contexto, o dever de agradar ao homem está internalizado em todas nós. Por isso muitas mulheres fingem orgasmo: existe, nesse teatro, a ideia de que seria bom, em nome da autoestima, que ele acreditasse que nos fez gozar. Vem daí também a noção de que temos prazer em dar prazer. Isso tudo além do medo de não corresponder ao desejo masculino e acabar sendo alvo de violência.

Mais uma vez, Silvia Federeci traz uma contribuição importante: "Somos estupradas, em nossas camas e nas ruas, porque fomos configuradas para sermos as provedoras da satisfação sexual, as válvulas de escape para tudo o que dá errado na vida dos homens, e os homens têm sido sempre autorizados a voltar seu ódio contra nós, se não estivermos à altura do papel, e particularmente quando nos recusamos a executá-lo".[83]

Vem também daí a ideia de que mulher não gosta de sexo. Mulher não gosta de sexo quando ele é um dever, uma tarefa, um trabalho e, portanto, ruim, empobrecido, limitado, unilateral.

Isso na dimensão do lar.

E na da prostituição?

Federici ensina que a prostituição não era proibida na Europa até que, com a caça às bruxas e a Revolução Industrial, passou a ser. Para Federici, a ideia da "dona de casa" e da família como centro reprodutor da força de trabalho não se separa da proibição da prostituição.

Os movimentos feministas não liberais entendem a prostituição como um trabalho. E, enquanto trabalho, a luta é contra a exploração. O carro-chefe das lutas deveria ser que trabalhadoras sexuais se organizem para montarem cooperativas, que tenham segurança, que não sejam usadas por "empresários" e empresas que negociam e ganham um percentual sobre seu trabalho.

Seria importante falar da articulação entre o trabalho sexual realizado dentro do lar e o realizado fora dele. O que entendemos por prostituição? Uma transação comercial na qual alguém oferece sexo em troca de dinheiro, certo?

E o casamento tradicional, o que é?

Um contrato no qual a mulher entra para cuidar e o homem para prover. O trabalho sexual está nas cláusulas desse acordo: ela deve dar prazer a ele. E, em troca, ele paga as contas da casa.

[83] FEDERICI, *op. cit.*

| PERCEBEM A DIMENSÃO DE PROSTITUIÇÃO CONTIDA NO CASAMENTO TRADICIONAL?

No próximo capítulo, falaremos da família sob a perspectiva do feminismo.

CAPÍTULO 5: FAMÍLIA

Chegamos à parte final deste pequeno livro, que pretende introduzir os conceitos básicos do feminismo para aqueles e aquelas que ainda não compreenderam a grandiosidade da pauta e, mais importante, para quem ainda não entendeu como essa luta pode emancipar todos e todas nós. Antes de entrarmos mais propriamente no tema deste capítulo, seria importante fazer um resumo do que a gente viu até agora para que, assim, a gente possa amarrar todos os fios.

No Capítulo 1, falamos do regime binário da diferença sexual, esse que separa roupas azuis para homens e um quarto rosa para meninas, e do tipo de violência que ele gera sobre a vida de todo mundo.
No Capítulo 2, tratamos de como a liberdade sexual é uma experiência ambígua para as mulheres diante das expectativas sociais contraditórias de repressão e estímulo ao sexo. Falamos da idealização da maternidade e do casamento. Discutimos a construção social da mulher como propriedade masculina e a sua objetificação, e sobre como a pornografia se tornou um dos grandes "mediadores" da experiência e da imaginação sexual na atualidade e das suas consequências para o desejo de pessoas adultas e em formação.

No Capítulo 3, a gente viu como essa divisão de papéis de gênero impede os homens de desfrutar do erotismo e do amor em toda a sua profundidade e potencialidade. Discutimos como o consentimento é a exigência mínima para relações sexuais entre pessoas adultas, mas está longe de ser garantia de prazer e entusiasmo. Falamos do amor romântico, e de como ele distribui expectativas e tarefas diferentes para mulheres e homens.
E, no Capítulo 4, abordamos o trabalho e como ele aprisiona mulheres nos lares e, simultaneamente, oprime os homens nos escritórios.

Chegamos ao momento em que falar da família é importante para entendermos todas as violências contidas nessa ideia tradicional do que é uma família.

O que a parte sobre a família abordará mais especificamente?

O que é a família tradicional e quem precisa dela, violências dentro do núcleo tradicional de família, aborto, o retrato da verdadeira família brasileira, quem o casamento oprime e quem ele beneficia e, finalmente, o que fazer para se juntar à luta feminista com ações.

Vamos começar este capítulo no coração da capital federal: no parlamento, em Brasília.

O dia é 17 de abril de 2016. No plenário da Câmara dos Deputados, um a um, os parlamentares se enfileiram para votar pelo afastamento de Dilma Rousseff. "Em nome de Deus e da minha família, eu voto sim", dizem com suas vozes graves, berrando, muitas vezes descontrolada e histericamente. Não eram votos dados contra a corrupção, contra "pedaladas fiscais", contra conchavos:

votavam pelo afastamento da presidenta em nome da família tradicional brasileira.[84]

O que aconteceu no Brasil dos últimos anos para que essas pessoas sentissem a necessidade de votar por um impeachment em nome da família? A resposta é longa. Então, para conseguirmos desenrolar a reflexão com começo, meio e fim, vamos bem devagar.

"O Estado-nação se fundamenta a partir da concepção do que é família", disse a socióloga Berenice Bento, da Universidade de Brasília, pesquisadora de temas LGBTQIAPN+, entre outros.[85] "Quando estou discutindo masculino e feminino, estou discutindo relações de poder." Já falamos disso anteriormente: patriarcado, poder, hierarquias. Mas agora vamos entender essa dinâmica no âmbito familiar e por que ela é a base de tudo.

O que é família para esse Estado-nação? É um núcleo heterossexual, de preferência branco e cristão, dentro do qual papai manda, mamãe obedece, filhas são criadas para se casar e procriar, e filhos são criados para serem machos viris. É uma fábrica de reproduzir heterossexualidade.

Quando – no Brasil – ganham espaço os movimentos que lutam para reconhecer outros modelos de família, outros modos de existir, de se relacionar e de amar,

---

[84] GARCIA, Gustavo; CALGARO, Fernanda; MATOSO, Filipe; LIS, Laís; RODRIGUES, Mateus. Senado aprova impeachment, Dilma perde mandato e Temer assume. Brasília, *G1*, 31 ago. 2016. Disponível em: https://g1.globo.com/politica/processo-de-impeachment-de-dilma/noticia/2016/08/senado-aprova-impeachment-dilma-perde-mandato-e-temer-assume.html. Acesso em: 23 ago. 2024.

[85] LE MONDE diplomatique Brasil. *Guilhotina #142 – Berenice Bento*. [s. l.], 12 nov. 2021. Disponível em: https://diplomatique.org.br/guilhotina/guilhotina-142-berenice-bento/. Acesso em: 23 ago. 2024.

incluindo nessa luta a emancipação da mulher, uma boa parte dos homens que se lambuzam com o poder oferecido por esse formato hegemônico de família tradicional se vê ameaçada.

Vamos voltar às cenas dos votos pelo impeachment de Dilma.

Com as lentes do feminismo, já é possível notar, com bastante clareza, o que estava sendo votado ali. Não era sobre o PT, era sobre a ameaça que a libertação de corpos há séculos domesticados, submissos e adestrados causava ao lugar de domínio daqueles homens.

Era sobre Dilma? Sim, era também sobre ela. Sobre o fato de ela ser uma mulher com passado revolucionário, "sem marido", ocupando o cargo que concentra o maior poder do país. Uma mulher poderosa no espaço público é o oposto da fantasia patriarcal da mulher domesticada no lar.

O ódio contra Dilma, que fez pessoas colarem adesivos das suas pernas abertas na entrada dos tanques dos seus automóveis, era o ódio misógino que goza com a simulação do estupro da mulher poderosa toda vez que colocavam gasolina em seus carros.

Mas aqueles votos em nome da família eram, acima de tudo, contra a destruição de uma ideia de família da qual parlamentares não queriam abrir mão. Uma ideia de família patriarcal que coloca o homem como rei do lar, a quem todos os que ali moram – e que ali trabalham – devem se curvar, honrar, obedecer.

Não por acaso um dos ministérios mais fortes dos anos do governo Bolsonaro, que capturou para si uma ideia de masculinidade que precisa ser defendida contra qualquer movimento social que se oponha a suas características, foi o da Mulher, da Família e dos Direitos

Humanos, de Damares Alves. Havia ali uma ideologia que, como vimos no Capítulo 1, de boba não tinha nada: menina veste rosa, menino veste azul.

A família a ser protegida por esse Estado-nação é cristã, branca e heterossexual.

Não é também por acaso que essa mesma ideia de família sustenta os períodos fascistas de um passado nem tão distante. "Deus, pátria e família" era o slogan de Benito Mussolini, líder do Partido Nacional Fascista da Itália.

E foi o de Bolsonaro.

Se a gente recuar até a campanha que elegeu Bolsonaro, pode perceber como o debate sobre essa ideia consagrada de família e masculinidade pautou as agendas. A maior parte do conteúdo produzido e divulgado por seus apoiadores girava em torno de supostas ameaças à família. Mamadeira de piroca. Ideologia de gênero. Kit gay.

Duas coisas ficam escancaradas quando analisamos essa época usando as ferramentas de gênero e sexualidade que compõem o letramento do feminismo. A primeira é que as pautas chamadas "identitárias" não são periféricas como sugerem muitos – inclusive dentro da esquerda. As pautas identitárias não são sequer identitárias, mas falaremos disso mais à frente. E a segunda é que o bolsonarismo foi, em larga escala, sustentado por homens e mulheres que acreditaram – com razão – que a única coisa que eles possuíam de fato na vida – essa ideia do que é uma família, do que faz papai e do que faz mamãe – estava sendo arrancada deles por pessoas que se inseriam na sociedade desfilando outras formas de amar e outros arranjos familiares.

Quando o mundo ao redor começa a desmoronar, é preciso se agarrar em alguma coisa para tentar se salvar.

O mundo que desmorona é o do capitalismo: estamos cansados e cansadas, estamos trabalhando demais, estamos sem tempo para o ócio, comemos mal, dormimos mal, bebemos muito, somos o país mais ansioso do mundo segundo as pesquisas.[86]

Foi uma saída bastante inteligente essa adotada pela extrema-direita brasileira e mundial a de encontrar uma explicação para esse desmoronamento coletivo e pessoal que tirasse do foco o verdadeiro culpado: um sistema econômico baseado no lucro a todo custo, no acúmulo de poucos e na exploração de muitos e do planeta.

Quando o sistema econômico falha para a maior parte da população, quando o trabalho passa a ser disputado a tapa, quando os salários são miseráveis e algumas profissões são desumanas, quando muitos precisam aceitar esses trabalhos indecentes para não morrer de fome, então é preciso apontar para um inimigo aleatório porque assim o sistema econômico se mantém protegido da fúria da população.

E os inimigos da vez foram as mulheres (#EleNão), a luta antirracista, o movimento LGBTQIAPN+. "Querem destruir nossas famílias!", berravam.

Por que esses soldados da masculinidade querem salvar a estrutura vigente de família a todo custo? Porque eles se beneficiam muito dela. E as mulheres? Não se beneficiam muito não.

Há estudos sobre isso, mas olhem que curioso: o estereótipo culturalmente perpetuado é o de que homens

---

[86] CARVALHO, Rone. Por que o Brasil tem a população mais ansiosa do mundo. [s. l.], G1, 27 fev. 2023. Disponível em: https://g1.globo.com/saude/noticia/2023/02/27/por-que-o-brasil-tem-a-populacao-mais-ansiosa-do-mundo.ghtml. Acesso em: 23 ago. 2024.

evitam o casamento a todo custo e de que mulheres perseguem o casamento a todo custo, certo? *Game Over*, dizem as camisetas com estampas de pobres coitados no altar. Acabou a farra para eles. Acabou a vida para eles no ato do matrimônio. Tirem-me daqui.

A imagem dos amigos do noivo correndo para longe do buquê jogado pela noiva enquanto as mulheres se estapeiam para pegá-lo, achando que quem alcançar vai ser a próxima a casar, é apenas o reforço estereotipado de uma sociedade composta por homens que precisam se casar para prosperar e por mulheres que, quando se casam, entram em um ambiente que as reduzirá a cuidadoras e objeto sexual.

E o que a psicologia diz sobre o tema? Homens casados estão melhores do que os solteiros: os casados são mais saudáveis, mais ricos e mais felizes. Mulheres solteiras estão melhores do que as casadas. Homens casados são mais felizes do que mulheres casadas, e mulheres solteiras são mais felizes do que homens solteiros. Homens divorciados e mulheres casadas compõem as maiores taxas de suicídio.[87]

Aqui é bacana fazer um desvio para falar das chamadas "pautas identitárias".

Toda crítica às pautas identitárias deveria, por honestidade, começar pela crítica a uma identidade específica: a do homem branco cis-heterossexual.

Essa é a identidade dominante. É ela que está no poder. Por que aqueles que acham que a luta identitária

---

[87] WEISS, Avrum. Men Sometimes Avoid Marriage, But It Benefits Them More Than Women. [s. l.], *Psychology Today*, 9 out. 2022. Disponível em: https://www.psychologytoday.com/intl/blog/fear-intimacy/202210/men-sometimes-avoid-marriage-it-benefits-them-more-women. Acesso em: 23 ago. 2024.

é uma bobagem não falam desse grupo? Porque essa identidade é invisível. Ela não se vê como uma identidade. O homem branco-cis-heterossexual é aquilo a que tudo se compara e a que todos se curvam.

Seria preciso apontar para essa obviedade e entender que a agenda política é feita por – e para – essa identidade específica, que, por não se ver como identidade, acredita que pode protagonizar debates sobre aborto e sobre antirracismo, por exemplo.

Vejam o que aconteceu no Superior Tribunal Federal (STF) durante o primeiro ano do governo Lula, em seu terceiro mandato. O presidente precisava nomear um ministro para substituir Rosa Weber no STF. Pressionado pelos movimentos negros e feministas para escolher uma mulher negra, o presidente disse que não se pautaria pela política identitária. Disse isso e meteu lá Flávio Dino, mais um homem, já tendo colocado lá outro antes: Cristiano Zanin. Então Lula acredita que, por nomear uma identidade invisível, não cedeu à agenda identitária.

Claro que cedeu.

Mas porque "homem" é uma identidade invisível que se compreende universal, Lula acha que pode dizer que não se deixou levar pela pauta identitária.

Brasília é, quase inteiramente, dominada por uma única agenda identitária: a do homem branco heterossexual. Essas pessoas têm uma agenda. Têm projetos. Têm pautas bastante específicas.

As pautas que são conhecidas como identitárias – feminismo, movimentos negros, luta da comunidade LGBTQIAPN+ – são as universalistas, percebem?

Por quê? Porque são elas que, uma vez instaladas, terão a capacidade de transformar a sociedade, tornando-a mais igualitária. A pauta da identidade masculina, cis-heterossexual e branca quer apenas manter as coisas como elas são.

Dissemos que os movimentos LGBTQIAPN+ são acusados por conservadores de quererem destruir a família, certo? Agora vamos contar um segredo pra vocês. **Sim, a gente quer destruir a família.**

Queremos destruir essa ideia de família que funciona como perpetuadora de papéis sociais, como núcleo hierárquico de poder, como usina opressora, como máquina de violências que visam manter pessoas em jaulas de heterossexualidade. Essa ideia idílica do que é a família é uma ficção. A família tradicional é o lugar de múltiplas agressões. É o lugar onde mulheres são abusadas, estupradas e mortas. É o lugar onde filhos apanham. E é o lugar de onde o filho gay é expulso.

Para uma mulher, por exemplo, a família é o lugar menos seguro do mundo, e temos aqui os dados para provar isso:

- Segundo dados do Ministério da Saúde de 2023, 68% dos estupros acontecem no lar.[88]
- Segundo o Relatório do Grupo Gay da Bahia de 2019, 35,55% das mortes violentas de pessoas LGBTQIAPN+ acontecem dentro de casa.[89]

---

[88] ROCHA, Lucas. Familiares e conhecidos são responsáveis por 68% dos casos de violência sexual contra crianças no Brasil, diz Saúde. São Paulo, *CNN Brasil*, 19 maio 2023. Disponível em: https://www.cnnbrasil.com.br/saude/familiares-e-conhecidos-sao-responsaveis-por-68-dos-casos-de-violencia-sexual-contra-criancas-no-brasil-diz-saude/. Acesso em: 23 ago. 2024.

[89] DOMINGOS DE OLIVEIRA, José Marcelo; MOTT, Luiz (org.). *Mortes violentas de LGBT+ no Brasil – 2019*: relatório do Grupo Gay da Bahia. Salvador: Editora Grupo Gay da Bahia, 2020. Disponível em: https://observatoriomorteseviolenciaslgbtibrasil.org/wp-content/uploads/2022/05/Relatorio-2019.pdf. Acesso em: 23 ago. 2024.

- De acordo com pesquisa censitária da população em situação de rua de São Paulo, de 2019, realizada pela Prefeitura de São Paulo, 40% da população que está nessa situação na cidade mais populosa do hemisfério sul está lá por conflitos familiares.[90]
- De acordo com a pesquisa Antra de 2022, o Brasil é o país que mais mata LGBTQIAPN+ no mundo[91] e também o que mais consome pornografia LGBTQIAPN+.[92]

O que acontece quando associamos esses dois dados? Vou dar uma dica:

Uma amiga travesti que foi trabalhadora sexual conta que boa parte de sua clientela era composta de homens heterossexuais casados. E a clientela de suas amigas

---

[90] QUALITEST; Prefeitura de São Paulo. *Pesquisa censitária da população em situação de rua, caracterização socioeconômica da população em situação de rua e relatório temático de identificação das necessidades desta população na cidade de São Paulo*. São Paulo, 29 jan. 2020. Disponível em: https://www.prefeitura.sp.gov.br/cidade/secretarias/upload/Produtos/Produto%209_SMADS_SP.pdf. Acesso em: 23 ago. 2024.

[91] EULER, Madson. Brasil é o país que mais mata LGBTQs no mundo. São Luís (MA), *EBC*, 27 jan. 2023. Disponível em: https://agenciabrasil.ebc.com.br/radioagencia-nacional/direitos-humanos/audio/2023-01/brasil-e-o-pais-que-mais-mata-transexuais-no-mundo. Acesso em: 23 ago. 2024.

[92] BENEVIDES, Bruna G. 2023_BRASIL_invicto_como_campeão_no_consumo_de_pornografia_trans_no_mundo_e_de_assassinatos (e de assassinatos). [s. l.], *Portal Catarinas*, 19 dez. 2023. Disponível em: https://catarinas.info/colunas/brasil-invicto-como-campeao-no-consumo-de-pornografia-trans-no-mundo-e-de-assassinatos/. Acesso em: 23 ago. 2024.

travestis que também são trabalhadoras sexuais é basicamente a mesma.
Que família é essa que querem proteger? Quem ganha com a ideia de que essa família deve ser o único modelo existente?
"Família é uma fábrica de produção continuada de seres heterossexuais. O sucesso da família, o sucesso do pai e da mãe, está em produzir pessoas heterossexuais. Essa é uma das funções para as quais a família hegemônica foi planejada", disse Berenice Bento.[93]
Vamos trazer o depoimento pessoal de uma das autoras, Milly Lacombe:

> Nasci e cresci dentro desse núcleo familiar considerado tradicional: papai, mamãe, irmãs, irmão, todos brancos e de classe média. Fui uma menina que gostava de jogar bola e brincar de carrinho.
> Entendi que meu olhar ia para as meninas, e não para os meninos, com oito anos.
> Aqui é importante dizer que essas duas coisas não estão relacionadas. O fato de eu gostar de futebol não me faz automaticamente lésbica, e nem toda lésbica gosta de jogar bola.
> No primeiro caso, eu simplesmente não respeitei os papéis de gênero. No segundo, eu desrespeitei os papéis de sexualidade: menina gosta de menino; menino gosta de menina. Eu era uma menina que gostava de meninas.

---

[93] LE MONDE Diplomatique Brasil. *Guilhotina #142 – Berenice Bento*. [s. l.], 12 nov. 2021. Disponível em: https://diplomatique.org.br/guilhotina/guilhotina-142-berenice-bento/. Acesso em: 23 ago. 2024.

Cresci escutando minha mãe dizer que preferia ter um filho morto a um filho gay. Quem mais disse isso? Bolsonaro e milhões de pais e de mães.
Cresci, portanto, achando que eu seria o desgosto da família e que teria que passar a vida dentro do armário para não decepcionar meus pais, meus irmãos, meus amigos, o mundo todo.
Nessa época, eu comia muito, roía as unhas, era inundada de uma tristeza que não sabia explicar.
Antes dos 10 anos, eu disse à minha mãe que me sentia esquisita. Ela perguntou por que e eu respondi que era porque eu gostava de meninas. Ela não me bateu, não brigou, não disse nada, a não ser "é uma fase". No dia seguinte, me levou ao psicólogo. Estavam tentando me curar.
A experiência foi traumática. Eu queria apenas ser normal como minhas amigas pareciam ser.
Aos 16 anos, eu era uma adolescente solitária, triste, que acordava pensando que a vida não tinha sentido. Via minhas amigas namorando, beijando, empolgadas e sabia que aquilo que elas estavam sentindo eu jamais sentiria.
Crescer nessas condições foi violento. E eu estava dentro de um núcleo familiar que me amava. Ainda assim, a solidão era devastadora. Eu não tinha com quem falar. Não podia falar.

Há ainda hoje no Brasil e no mundo milhões de crianças passando por situações bastante parecidas apesar de os movimentos feministas e LGBTQIAPN+ terem conquistado muitas coisas.
Voltemos ao depoimento:

Quando eu finalmente tive coragem de dizer quem eu era, minha mãe respondeu que, se eu contasse a outras pessoas, ela se mataria. Eu tinha 29 anos. Minha mãe tomou minha lesbiandade como um fracasso pessoal das suas funções maternas. Ela tinha falhado na reprodução da heterossexualidade dentro daquela família.

E aqui vale ressaltar o que deveria ser óbvio: se sexualidade pudesse ser ensinada, todo mundo seria heterossexual porque a máquina que instala a heterossexualidade na gente opera 24 horas por dia, sete dias da semana, em todas as instâncias: família, Estado, igrejas, escolas, instituições, corporações, arte, cultura e por aí vai.

Quantos adolescentes passam por essas violências e desistem de viver? Quantas vidas são perdidas? Quantos são assassinados? Para muitos de nós da comunidade LGBTQIAPN+, essa ideia de família é um centro de tortura.

Falar em valores familiares em nossa sociedade é abordar a família nuclear formada por mãe, pai e filhos. Nesses moldes, trata-se da organização mais importante da sociedade e de arranjo ideal para a garantia do bem-estar de todos. Sabemos que isso está longe de ser verdade. Esse arranjo é um centro produtor de muitas neuroses e de muita dor para mulheres e crianças. Mas é protegido porque ele dá o controle absoluto ao pai e o controle secundário, sobre as crianças, à mãe. Nele, mulheres são dependentes de homens e crianças, das mães. Que uma criança dependa quase exclusivamente de uma única mulher é fonte de bastante sofrimento para muitos dos envolvidos. E esse ciclo de dependências é território fértil para múltiplos abusos de poder.

Mas vamos sair do conceito e colocar essa violência em números.

O Brasil é o 5º país que mais mata mulheres no mundo. O feminicídio dentro dos lares reúne dados de uma guerra. Segundo o Fórum Brasileiro de Segurança Pública, maridos e ex-maridos são responsáveis por 90% dos feminicídios no Brasil.[94]

ESSA IDEIA DE FAMÍLIA PROTEGE QUEM?

A tese de "legítima defesa da honra", que inocentou milhares de maridos que mataram suas mulheres durante décadas no Brasil, finalmente foi declarada inconstitucional. Sabem quando? Se a leitura de trechos anteriores está viva na sua memória, você vai saber. Mas, se não está, a gente repete: em agosto de 2023.

Até agosto de 2023, a lei protegia o homem que matasse sua mulher se o assassinato fosse motivado por desonra. O que desonra um homem? A suspeita de um chifre.

A violência que marca desigualmente as relações entre homens e mulheres pode ser constatada nas suas percepções sobre o encontro com o sexo oposto. Qual é o maior medo de um homem num primeiro encontro com uma desconhecida? Que a mulher tire um sarro da

---

[94] RESENDE, Leandro. Maridos e ex-maridos são responsáveis por 90% dos feminicídios no Brasil. [s. l.], *CNN Brasil*, 25 dez. 2020. Disponível em: https://www.cnnbrasil.com.br/nacional/maridos-e-ex-maridos-sao-responsaveis-por-90-dos-feminicidios-no-brasil/. Acesso em: 23 ago. 2024.

sua cara ou do tamanho do seu pau. E qual é o maior medo de uma mulher num primeiro encontro com um desconhecido? Que o homem a estupre e mate. Esse é o medo real das mulheres bi e heterossexuais.
E o estupro dentro do casamento? Não era crime até pouco tempo. A Lei Maria da Penha chegou para mudar isso. Quando?
Em 2006.
Mas, em 43 países, essa lei não existe, e é dado ao marido o direito de estuprar sua mulher. Em boa parte desses casos, o sexo não é considerado estupro porque é entendido como um direito do marido, seja como for.

> Estupro não é sobre sexo; é sobre poder.
> Estupro não é sobre tesão; é sobre dominação.
> O estupro é uma arma de guerra usada por exércitos há muito tempo. Invadir, ocupar, estuprar. Por quê? Para calcificar a dominação através da humilhação da população local. É estratégia bélica; é letramento de guerra.

Além do estupro, quais outras armas são usadas para adestrar e humilhar mulheres? A proibição ao aborto, por exemplo.
Vejam: a ideia de que o tema aborto é altamente complexo para ser debatido é usada para fazer o assunto ser descartado do debate político. Esse não é um debate complexo. Ele é simples. Tão simples que a decisão está tomada faz tempo.
A sociedade já decidiu: mulheres ricas podem abortar; mulheres pobres, não. Isso está decidido há décadas. Mulheres ricas têm os nomes dos médicos, das clínicas,

fazem o procedimento em segurança. É rápido e demora pouco, cerca de meia hora.

Mas e as mulheres pobres? Morrem tentando interromper aquela gravidez.

Essa hipocrisia reforça alguns preconceitos que são importantes para o bom funcionamento do sistema vigente: a mulher pobre, que no Brasil é, em grande parte, a mulher negra, é devassa. Se fez sexo, agora cuide, crie, se vire. Por que não fechou as pernas? Tratamos disso no Capítulo 2 e por isso não vamos nos demorar agora.

Seria importante dizer que entramos no campo da moralidade. Se o debate sobre aborto quisesse ser sério, ele seria um debate sobre direitos sexuais e reprodutivos, e não sobre "quando a vida começa".

Se a gente diz que o debate é sobre "quando uma vida começa a ser vida", então podemos debater quantos anjos cabem dançando na cabeça de um alfinete. É a mesma coisa. Ninguém sabe quando uma vida começa. Podemos ter nossas crenças, mas elas não são certezas, longe disso. Nós podemos achar que a vida começa no parto, você pode achar que começa no ventre, alguém pode achar que começa no céu, onde as almas se reúnem. Tanto faz. Não importa. Esse debate é fictício.

Direitos sexuais e reprodutivos passam por educação sexual nas escolas, creches públicas, escola pública em período integral, licença-paternidade tão extensa quanto a licença-maternidade e até transporte público e reformas urbanistas, para citar apenas alguns exemplos.

Voltemos a esse filme macabro.

Corpos femininos são sexualizados a partir dos 10, 11 anos. É quando começamos a perceber os olhares nas ruas. A cultura cis-heterossexual masculina, que tem a colegial de saias como objeto de desejo de filmes pornográficos, está autorizada a sexualizar uma criança. Portanto, podemos afirmar com segurança que ela é pedófila.

Não estamos dizendo que todos os homens sejam pedófilos. Alguns são, claro. Mas não é disso que se trata; se trata de compreender que a cultura cis-heterossexual masculina normaliza o desejo pedófilo de saída. Na pornografia, garotos são submetidos à imagem da criança em saia escolar desde pequenos.

Somos abusadas e estupradas desde nossas infâncias. Carregamos em nossos corpos uma gravidez muitas vezes indesejada. A mesma sociedade que permite nossa sexualização precoce e abusiva, a mesma que joga dentro de nossos corpos sêmens indesejados, nos obriga a ter e criar aquele filho do estupro, muitas vezes sem um pai ou, em outras tantas, com um pai que não participa da criação.

O debate não é sobre aborto, mas sobre políticas públicas voltadas para direitos sexuais e reprodutivos, como o planejamento familiar. Limitar o debate ao aborto enquanto ato isolado é tentar moralizá-lo.

A sociedade que diz defender a família e a vida, a sociedade que obriga a mulher a seguir com uma gravidez indesejada, deveria pelo menos oferecer a essa mulher a possibilidade de ser amparada durante a gestação e depois do parto.

Se a família é o centro de tudo, como berravam os deputados no ato do impeachment da presidenta Dilma Rousseff, por que essas lutas não são as lutas das pessoas que se dizem "pró-vida"? Creches públicas, escolas públicas em tempo integral, alimentação decente nas escolas, mais tempo para a mãe ficar em casa com os filhos.

MAS QUEM É A FAMÍLIA BRASILEIRA?

Vamos aos dados obtidos pelo Instituto Brasileiro de Economia da Fundação Getulio Vargas:

- O Brasil tem mais de 11 milhões de mães que criam os filhos sozinhas.
- Na última década, o país ganhou 1,7 milhão de mães com a responsabilidade de criar os filhos sem a participação do pai.
- 90% das mulheres que se tornaram mães solo entre 2012 e 2022 são negras.
- Quase 15% dos lares brasileiros são chefiados por mães solo.
- A maioria, 72,4%, vive só com os filhos e não conta com uma rede de apoio próxima.
- Mães solo têm rendimento 39% inferior ao dos homens casados com filhos e 20% menor do que as mulheres casadas com filhos.
- Mais de 50% dessas mães não possuem ensino superior ou ensino médio.[95]

E, aqui, a regulação do corpo da mulher se junta à precarização de suas vidas. Mais da metade dessas mães não possuem ensino superior porque tiveram seus filhos muito jovens e precisaram largar os estudos.

---

[95] BRASIL tem mais de 11 milhões de mães que criam os filhos sozinhas. [s. l.], *G1*, 12 maio 2023. Disponível em: https://g1.globo.com/bom-dia-brasil/noticia/2023/05/12/brasil-tem-mais-de-11-milhoes-de-maes-que-criam-os-filhos-sozinhas.ghtml. Acesso em: 23 ago. 2024.

A mesma sociedade que, por meio da religião, diz "feche suas pernas" e que, a partir da lei, diz: "vai ter esse filho!" é a que diz: "quer um trabalho? Qualifique-se". Os mesmos que exigem que o feto seja gerado e que dizem que a família é a base de tudo estão prontos para berrar pela mudança da lei da maioridade penal, levantam-se para aplaudir quando a polícia militar ou o exército entra atirando em favelas e periferias e vibram a cada jovem negro assassinado sem se importar com a mãe que chora ao lado do corpo.

Até 2005, o casamento da vítima com o estuprador anulava o crime no Brasil, uma pauta que a ministra Damares Alves tentou retomar durante o governo de Jair Bolsonaro.[96]

A perversidade de uma sociedade construída sobre essas bases é dada por esse jogo de exigências, punições, moralismos e opressões. O retrato da família brasileira está longe de ser esse em nome do qual o Congresso Nacional deu um golpe de Estado.

Para encerrar este capítulo, vale retomar um pouco do que conversamos a respeito da noção social de maternidade, sob a ótica da família, e de como esse debate sobre o feminismo em todas as suas formas – desde que seja aberto, sincero – pode ser construtivo.

Já dissemos que essa sociedade faz o trabalho materno virar amor, virar natural, virar destino, certo? No campo profissional, a explicação para mulheres ganharem menos do que homens executando as mesmas

---

[96] MARTINS, Alejandra. Os países em que estupradores conseguem escapar da Justiça casando-se com as vítimas. [s. l.], *BBC News Brasil*, 5 maio 2021. Disponível em: https://www.bbc.com/portuguese/internacional-56969583. Acesso em: 23 ago. 2024.

tarefas é: homens ganham mais porque as mulheres têm filhos. Mas homens não têm filhos?

O que se exige da paternidade é quase nada além de prover. Esse é um jogo que a mulher não tem como ganhar.

Com a palavra, Milly Lacombe:

Minha mãe, de 86 anos, mora sozinha no apartamento que um dia abrigou seis pessoas: ela, meu pai, meu irmão, minhas duas irmãs e eu. Faz um ano, estava jantando com ela, tomando uma taça de vinho, quando minha mãe disse: "Espera aqui que quero te mostrar uma coisa". Saiu, foi para o quarto e voltou com quatro cadernos claramente bem velhos. Eu perguntei o que era aquilo e ela disse: "Meus diários".

Eu nunca soube que ela escrevia diários. Nunca soube que ela escrevia. O escritor da família era meu pai. Abri e comecei a ler. De cara, fui arrebatada pela qualidade da escrita: eu estava diante de uma escritora. O conteúdo era dilacerante: dia a dia, a solidão de uma mulher que tinha ao lado dela um marido e quatro filhos.

A humilhação de ter que pedir a meu pai dinheiro para ir ao mercado, noites sozinha enquanto meu pai estava no Jockey Club (um vício que causou muitos problemas), brigas em que meu pai, a pessoa mais doce do mundo, reclamava do jantar, da roupa malpassada, da falta de sexo. Detalhes da fase em que ela, cansada de pedir dinheiro, tentou trabalhar fora de casa e meu pai não deixou, alegando que ela tinha que cuidar da família.

Minha mãe, que agora eu sei poderia ter sido uma escritora, nunca teve essa chance. E, quando eu disse a ela que a qualidade daqueles textos era altíssima, ela riu como quem sabe que havia ali uma paixão que só foi contemplada na solidão de uma casa que dava a ela o horário das três da manhã para escrever.

Hoje minha mãe depende do dinheiro dos quatro filhos para se manter. Meu pai morreu e deixou dívidas de jogo.

Nessa noite, eu perguntei a ela, se por acaso ela soubesse, naquela época, que as coisas que ela estava passando também atingiam a vizinha, a amiga, a professora dos filhos, a moça do caixa do mercado etc., se isso teria aliviado seu sofrimento e a solidão. Ela disse que sim. Expliquei a ela que o pessoal é político e que a luta das mulheres hoje era para nos unirmos contra essas opressões.

Nós, mulheres que compreendemos as opressões pelas quais passamos, estamos tentando criar essas comunidades.

Depois, perguntei se ela não acharia justo que, tendo criado quatro adultos funcionais, que hoje trabalham e ganham razoavelmente bem, contribuindo com seus deveres fiscais e, portanto, com a sociedade, ela ganhasse uma aposentadoria do Estado como dona de casa. Ela, dando um gole no vinho, balançou a cabeça e concordou. E então eu disse: "Bem-vinda ao feminismo, mãe. Nunca é tarde".

TÁ, MAS E AGORA?

Se você é um homem cis-heterossexual, sugerimos que você comece buscando compreender qual é o seu lugar dentro da família. Como a sua casa funciona? Como você se implica no funcionamento dela? O que faz e o que deixa de fazer para que haja comida, um ambiente limpo, roupas para vestir e tudo o mais que torna um espaço um lar?

Depois, seria importante se posicionar como aquele cara que não deixa mais o amigo fazer piada preconceituosa. O cara que chama a atenção do irmão, do colega de trabalho, do parceiro de boteco e explica por que a piada, aparentemente boba, acaba naturalizando uma sociedade que todos os dias abusa, assedia, estupra e mata mulheres. O aliado que tem a coragem de, no grupo de mensagens do futebol de segunda, se manifestar contra o comentário machista do colega.

É um pouco fazer o papel de chato, verdade. Mas isso também é uma questão de ponto de vista porque, para as mulheres, chato é viver num mundo de tantos maus-tratos e violências.

É no miudinho do cotidiano que a luta acontece, e por isso mudar seus comportamentos já é se colocar do nosso lado nessa luta.

Leiam mulheres, citem mulheres, enalteçam mulheres por sua inteligência, relevância, perspicácia.

Se inspirem em mulheres.

Admirem mulheres por sua lucidez.

Ouçam mulheres. Prestem atenção no que dizem. É por esses caminhos que também vamos desconstruindo o machismo e a misoginia.

Se você é uma mulher que só agora começa a se letrar no feminismo, estará mais sensível a violências que antes não era capaz de perceber. O chefe que interrompe sua fala sem cerimônia; o colega que só sabe elogiar sua aparência; o motorista de aplicativo que não tira o olho do retrovisor; o rapaz no transporte público que se senta ao seu lado com as pernas esparramadas, como quem diz "este mundo é meu"; o executivo que, no avião, coloca os cotovelos no braço do assento e obriga você a se encolher; o amigo que espera você acabar de falar para repetir a mesma coisa, como se fosse uma ideia dele; o marido que acredita que lavar a louça é um favor que ele está fazendo pra você.

Algumas mulheres tentam se aliar ao patriarcado, criticando outras mulheres por comportamentos permitidos aos homens, defendendo homens flagrados em atos machistas. Elas acreditam que assim serão "poupadas", encontrarão um lugar seguro dentro da estrutura machista. Mas isso é um engano. Mesmo não se considerando feminista, toda mulher, cedo ou tarde, vai sofrer as consequências do machismo.

Da mesma forma, e de modo inversamente proporcional, mesmo homens que se consideram justos, compartilham princípios igualitários e se esforçam para não cometerem atos sexistas se beneficiam do machismo. Por isso, mudar somente as próprias atitudes, embora fundamental, não é suficiente: o compromisso precisa ser pela transformação do mundo ao redor.

O feminismo é uma lente para enxergar o mundo, e, quanto mais gente a estiver usando, maiores serão as chances de construirmos uma sociedade sem violências de gênero, sexo, raça e sexualidade, mas também climáticas, coloniais, ecológicas, etaristas e étnicas.

Viver já é suficientemente complexo sem essas violências. Termos que lidar com a consciência da morte e das perdas é tarefa pesada. Mas, idealmente, seriam apenas essas as complexidades de uma existência. Opressões sociais não deveriam submeter tanta gente sofrimento num mundo justo e livre. Resolvidas essas pautas poderemos, enfim, nos dedicar ao principal: ajudarmo-nos uns aos outros a encarar a finitude e as perdas. Cuidarmos dos nossos e da nossa comunidade. Amparar e acolher quem amamos nessa viagem que é viver. E, mais importante, alargar cada vez mais o universo composto por quem amamos, incluídos aí todos os outros seres.

Esperamos que este pequeno livro possa ter compartilhado conhecimento com você. A questão sobre o conhecimento é que ele, assim como o fogo e o amor, são as únicas coisas que, quando divididas, se multiplicam. Que possamos seguir multiplicando as coisas boas.

AS AUTORAS

Milly Lacombe é autora e jornalista. Trabalhou como comentarista esportiva na Globo e na Record e como colaboradora da *Folha de S.Paulo* em Los Angeles e do *UOL* em Nova York. Foi diretora de redação da *Revista Tpm* e roteirista do programa *Amor & Sexo*, na rede Globo, e *Bem Juntinhos*, no GNT. É colunista das revistas *Trip* e do portal *UOL*. Pela Editora Planeta participou da coletânea de contos *Over The Rainbow* e publicou o romance *O ano em que morri em Nova York*.
Instagram @mlacombe

Paola Lins de Oliveira é antropóloga, roteirista e pesquisadora independente. Doutora em antropologia pela UFRJ, tem experiência em ensino na graduação e pós-graduação e em pesquisas acadêmicas sobre as relações entre arte, política, erotismo e religião. Foi pesquisadora de conteúdo e roteirista do programa *Amor & Sexo*, na Rede Globo, e *Bem Juntinhos*, no GNT. É autora de artigos em publicações científicas e em jornais e revistas de grande circulação. Publicou *Arte e religião em controvérsia: relações entre censura, arte erótica e objetos religiosos* pela editora Mar de Ideias.
Instagram @paolalins